Spanish Novels

Paranormal

(Spanish Novels for
Advanced Learners - C1)

PACO ARDIT

To all the Spanish learners
who are putting forth effort
to learn the language

The Author

Best Free Resources for Spanish Learners (PDF)

Download the free PDF gift and get other freebies and bonuses from Spanish Novels by email:

Suscribe to claim your gift:
https://spanishnovels.net/gift/

The Book & the Author

Paranormal is an Advanced (C1) Reader for Spanish learners. The book is written in a simple and direct style. In the advanced titles you'll notice that the chapters and sentences are longer and more complex. In order to help you start thinking in Spanish, <u>no English translations</u> are provided.

Paco Ardit is a Spanish writer and language teacher living in Argentine since the 1980s. He loves helping people learn languages while they have fun. As a teacher, he uses easy readers with every one of his students. Paco speaks Spanish (his mother tongue), and is fluent in French and English.

Paco Ardit's Author Page on Amazon
https://amazon.com/author/pacoardit

Spanish Novels Series Website
https://spanishnovels.net

Free Online Exercises

Get free access to a complementary set of online exercises based on the Spanish Novels Series. All the exercises were designed by Paco Ardit to help you get the most out of your readings.

Paranormal exercises
https://goo.gl/MksekA

All the exercises
https://www.spanishnovels.net/exercises

Audiobook & E-book Packs – Discounted Price

Do you want to get the most out of your reading practice? Get the Bundle Packs (Audiobooks + E-books) at a discounted price. Read and listen the stories at the same time, for the best learning experience. The Bundle Packs include e-book versions in .mobi, .epub, and .pdf format + full audiobooks in high quality MP3 format. Access the files online or download them to your devices! Get your Bundle Packs at **https://www.spanishnovels.net.**

Who Should Read This Book

Paranormal is intended for Advenced Learners (C1). I assume you have a very good command of Spanish. At this level you are comfortable reading long texts that express ideas, feelings, and other abstract things. You understand a lot of what you read in Spanish.

Contents

Capítulo 1

Robbie recuerda perfectamente cómo llegó al mundo paranormal. Fue apenas unos minutos después del accidente en moto. Como todas las noches, ese día también iba conduciendo a más de 250km/h. No tenía que llegar a ningún lado en particular, pero tenía prisa. El camión que se cruzó en su camino iba casi tan rápido como él. No tuvo ni siquiera un segundo para reaccionar. Fue instantáneo: después del choque salió disparado de su moto, volando por el aire hacia el costado de la carretera. Lo que sigue es muy vago, nebuloso, como si lo hubiera soñado. No sabe exactamente cómo sucedió, pero recuerda muy bien la imagen. Estaba viendo su propio cuerpo desde afuera. Como si su alma o su espíritu se hubiera desprendido del cuerpo. Sabía que algunas personas hablaban de viajes astrales y de distintos planos de existencia. Lo había leído en libros y en varios sitios de Internet. Aunque le encantaba leer y aprender sobre esas cosas, era sumamente escéptico. Decía: "Hasta que no me suceda a mí no lo voy a creer". Ahora le estaba sucediendo. Y era mucho más extraño de lo que jamás hubiera imaginado.

a ningún lado = nowhere
a ninguna parte = nowhere

Desprenderse = To become detached
Sumamente = Extremely / Exceedingly

1

No pasaron más que unos pocos minutos hasta que se dio cuenta de lo que había sucedido. Después de ver su propio cuerpo en el suelo, totalmente destruido, le resultó demasiado obvio. Estaba muerto. El conductor del camión se acercó para asegurarse de que efectivamente estaba muerto. Robbie -en forma de espíritu- le hablaba a los gritos, pero el hombre parecía no escucharlo. Le gritaba que llame a una ambulancia, que haga algo para intentar salvarlo. Pero el conductor no hizo absolutamente nada. Robbie podía ver que estaba terriblemente asustado por lo que acababa de pasar; tenía el terror pintado en su rostro. Tal vez fue por eso que el hombre se dio vuelta y regresó corriendo a su camión para huir. Robbie pensó en seguir al conductor e intentar hacerlo regresar. En el fondo, tenía la esperanza de que su cuerpo ensangrentado aún tuviera vida. Aunque no sabía cómo haría para llamar su atención. Todo parecía indicar que el chofer no lo podía ver ni escuchar. Era como si, de repente, estuviera viviendo en un mundo paralelo. En un mundo paranormal.

Ya no le quedaban dudas. Estaba muerto. Ahora sí que estaba seguro. No tenía sentido quedarse cerca de su cuerpo físico, al lado de la carretera. Lo único que podía hacer en este momento era aceptar la realidad: su cuerpo estaba muerto y su alma, espíritu -o como sea que se

2

Ensangrentado/a = Bloodstained

sí que - really . Now he was really sure
Ahora sí que estaba . ae.seguro.

llame-, seguía con vida. Entonces, el alma o espíritu sí existía. Si no, no se podía explicar qué era lo que le estaba pasando en este momento. Si existían los espíritus eso quería decir que también debía existir la vida después de la muerte, y tal vez otros fenómenos paranormales. Porque esto era algo paranormal. No había otra forma de definirlo.

Lo mejor de la existencia en forma de espíritu era que podía volar. Podía desplazarse con libertad por el aire, a toda velocidad. Esto sí que era algo totalmente nuevo. Ni siquiera con su moto había viajado a tanta velocidad. Para su sorpresa, volar era mucho más fácil de lo que hubiera creído. No tenía más que "pensar" en volar cuando su cuerpo astral ya empezaba a elevarse en el aire. Después de recorrer unos cuantos kilómetros vio a la distancia lo que más se temía: otros espíritus, o "cuerpos astrales". Era un grupo de casi diez espíritus que avanzaban a toda velocidad en su dirección. Quiso escapar, pero no había caso. Lo habían rodeado en todas las direcciones. Por un momento temió por su vida, pero enseguida se acordó de que ya estaba muerto. El primero en hablar fue el que parecía el líder del grupo:

   -Robbie. Te estábamos buscando -le dijo uno de los espíritus, con voz grave.

No habla casa? There was no way?

3

$\xi \sim \sim \sim \xi$

"Robbie. Te estábamos buscando", repitió Karen en voz alta, leyendo de la pantalla de su computadora. Esa era la última oración que iba a escribir por hoy. ✗ Recién eran las 12.30pm, pero ya estaba totalmente agotada. Había pasado toda la mañana frente a la pantalla de su Macbook, escribiendo oración tras oración. Estaba muy satisfecha: la redacción de *"Paranormal"* -su última novela- avanzaba muy bien. Una vez más, volvía a escribir una historia sobre fenómenos paranormales y cosas fuera de lo común. No podía evitarlo: desde pequeña tenía una obsesión con esos temas.

Aunque los personajes de las novelas de Karen eran hombres y mujeres muy extraños, ella era la chica más normal del mundo. De hecho, a veces pensaba que era demasiado normal. Y eso no le gustaba en lo más mínimo. Todos los días sentía que su vida no podía ser más normal ni más aburrida. Envidiaba profundamente a los personajes de sus historias. Ellos sí que tenían vidas interesantes. Hablaban con espíritus, leían mentes, predecían el futuro. Eso sí

Recién eran las 12:30 · It was Just 12:30

que era algo fuera de lo común. Pero, lamentablemente, ella no tenía ninguna de esas capacidades. El único talento que tenía fuera de lo común era, en todo caso, el de escribir novelas sobre fenómenos paranormales. Sobre cosas interesantes que les sucedían a otros, pero nunca a ella. De todos modos, Karen ama escribir. Es una de las pocas cosas de las que se siente orgullosa.

Más de una vez hizo el intento de aprender a desarrollar alguna de las habilidades que tienen sus personajes. Tiene decenas de libros para desarrollar poderes sobrenaturales, cientos de sitios web almacenados. Conoce perfectamente la teoría y sabe bien cómo funcionan casi todas las habilidades paranormales. Pero solo en la teoría. Por alguna razón, jamás pudo desarrollar estos poderes en la práctica. Y ¿de qué le sirve conocer la teoría si no tiene acceso a la práctica? Todos los días se pregunta lo mismo, y todos los días se promete dejar de comprar libros sobre fenómenos paranormales. Pero no puede hacerlo. Es más fuerte que ella. Tiene la esperanza de que, si sigue leyendo, tarde o temprano algo empezará a sucederle. Algo raro, algún

Decenas = Tens
Docenas = Dozens

fenómeno paranormal. Aunque sea algo pequeño. Algo.

Capítulo 2

A Karen le encantan las rutinas. Todos los días se levanta a las 6.30am, se da un baño y se sienta a escribir hasta el mediodía (haciendo una pausa solo para desayunar). Esa es la rutina diaria que sigue durante todo el año, incluyendo fines de semana y feriados. El único momento en que flexibiliza ligeramente su agenda es cuando se va de vacaciones. En esas dos o tres semanas de descanso no escribe absolutamente nada. Eso sí, aprovecha para leer todos los libros que no lee durante el resto del año. Su destino de viajes preferido es cualquiera que tenga montañas y -en lo posible- algo de nieve. Necesita que sea diferente del clima veraniego de Miami, ciudad en la que vive desde hace más de 10 años.

La mañana es su momento del día preferido. Antes del mediodía no hace más que escribir y escribir. Durante las horas de la mañana, nadie espera de ella más que eso. La gente que la conoce sabe que a esas horas no responde emails, ni mensajes de texto, ni llamados. Las mañanas de Karen son solitarias, y le

El clima veraniego = The summer climate

7

encanta que sean así. Al mediodía a veces almuerza con alguna amiga o va a comer a un restaurant cerca de su casa. Socializa lo mínimo indispensable para regresar a su computadora por la tarde y seguir escribiendo un par de horas más. Para publicar sus libros necesita adoptar una rutina súper rígida. Durante años probó todo tipo de rutinas, más o menos flexibles. Con el tiempo llegó a la conclusión de que necesita una para ordenar su vida. Sin rutinas su vida se vuelve un caos. De todos modos, su rutina diaria llega hasta las 4 o 5pm. Después de esa hora tiene total libertad para hacer lo que tenga ganas.

Por lo general, a la tarde sigue leyendo o buscando información en su computadora. Tiene una compulsión a buscar información, y lo sabe perfectamente. Incluso antes de empezar a investigar sobre algún tema, ya sabe que pasará horas y horas perdida en decenas de sitios web. En general empieza por Wikipedia y sigue por las referencias que figuran al final de cada artículo. Luego, un enlace la va llevando a otro y a otro. Eso puede continuar fácilmente por 3 o 4 horas. Su tema favorito son los fenómenos paranormales. Busca estudios, casos reales, teoría, etc. Karen forma parte de una veintena de grupos de Facebook sobre el tema. En los grupos la gente comparte todo tipo de experiencias sobrenaturales que jamás se atrevería a contar a otras personas. El grupo les da la confianza y seguridad para hablar sobre esos temas con total honestidad.

Algunos días, en vez de seguir navegando por Internet, prefiere ver alguna serie o película en Netflix. Como no podía ser de otra manera, también le gustan las que tienen que ver con lo paranormal o lo esotérico. Últimamente, hay cada vez más series que tocan esos temas, por lo que puede darse el gusto de elegir entre varias opciones. Dado que puede ver todas las cosas que le interesan a través de Internet, prácticamente no va al cine. *"Si tuviera con quien ir, probablemente iría"*, le suele decir a sus amigas, con tono resignado. Esa es una de sus grandes frustraciones: no tener novio.

Conocer a alguien y estar en pareja es su gran anhelo, pero lo cierto es que no hace demasiado para que esto suceda. Daniela -su mejor amiga- se lo dice directamente:

9

-Si no sales, difícilmente conozcas a alguien. Si quieres conocer a un chico tienes que salir al mundo.
-Sí, sí. Ya lo sé -responde Karen, en esos casos-. Igual... yo salgo.
-Vamos, Karen... ¿A qué le llamas salir? ¿Salir de tu casa para hacer las compras? ¿Salir para ir al banco y volver a tu casa?
-No, tú sabes a qué me refiero. A veces voy a restaurants. Es cierto que muchas veces voy sola... pero igual creo que eso cuenta.
-Karen, yo hablo de otro tipo de salidas. Tienes que ir a bares, fiestas, reuniones con gente joven.
-No me gustan esas cosas. Te lo he dicho mil veces -contesta Karen, un poco enojada.
-Okay, _no hace falta_ que vayas a un bar o a una fiesta si no quieres hacerlo. ¿Qué tal empezar una nueva actividad, un nuevo hobby? ¿Unirte a un grupo que encuentres por Internet? ¿Una reunión de Meetup?
-No sé... creo que no me gusta la gente. O no me gusta la gente normal. Me siento cómoda en soledad.
-Y sí, por eso eres escritora. Mira, esto que te voy a decir no es nada nuevo, y tú ya lo sabes: tu trabajo como escritora no te ayuda mucho a socializar. Es el trabajo más solitario del mundo.

No hace falta = It's not necessary

-Sí, es así como dices. Es una actividad solitaria -admite Karen-. Y me gusta que sea así. No veo que sea un problema.

-No hay ningún problema con eso. El asunto es que quieres conocer a alguien, un novio, tener más amigas.

-Sí, quiero conocer gente, pero no cualquier persona. No me da lo mismo cualquiera.

-¿Qué tipo de gente te gustaría conocer? -le pregunta Daniela.

-Y... gente que comparta mis intereses. Gente a la que le gusten las cosas paranormales, todo eso. Eso me parece importante para que me interese una persona. Pero no sé si de verdad existirá gente así. Tal vez solo existen en Internet.

-Bueno, ya sabes cuál es mi opinión sobre el tema. Prefiero no hablar de eso...

-Sí, ya sé. Es que tengo esa duda. Quiero conocer gente así, pero no sé dónde encontrarla. Es importante para mí.

-Nosotras somos amigas y no tenemos eso en común. Yo no puedo leer mentes y no tengo ningún poder sobrenatural -le dice Daniela, sonriendo.

-Sí, sí. Pero tú eres mi amiga desde hace mucho tiempo. Es distinto. Ya sé que eres una chica normal. Y te acepto así.

-Qué extraño suena eso, así como lo dices. Parece que ser "normal", al menos para ti, no fuera algo bueno. ¿Me vas a decir que prefieres juntarte con gente "fuera de lo normal"? ¿Con personas "anormales"? ¿Eso es lo que quieres decir?

-Sí, puede ser. Mi problema es que yo me considero "normal". No tengo ninguna capacidad paranormal.

Capítulo 3

Las charlas con Daniela siempre la dejaban pensando. Después de hablar con ella sentía que ya no estaba tan segura de lo que siempre había creído, o de lo que siempre había pensado. Por ejemplo, ahora sentía que tal vez su amiga tenía razón con lo de socializar más. Tal vez era cierto que necesitaba salir más, juntarse con otra gente afuera de su casa. Ahora era capaz de empezar a reconocer que eso podría ayudarla. Pero, así y todo, aún se sentía muy lejos de dar el primer paso. De ir a un bar y hablar con desconocidos, o de unirse a un nuevo grupo.

"Por ahora, no tengo una necesidad urgente de salir a buscar gente. Acá en casa estoy perfectamente. Creo que lo mejor va a ser tomármelo con calma. Ir socializando de a poco. No forzar el proceso... darle tiempo", se decía Karen a sí misma. *"Si salgo tiene que ser por la tarde, después de trabajar. De ninguna forma iría a trabajar a un bar por la mañana. No hay chance. No way!"*. Eran apenas las 10.40am, por lo que aún tenía tiempo de seguir escribiendo hasta la hora del almuerzo. Antes de

continuar, releyó lo que había agregado en los últimos días.

she reread (preterite, leyó)

≈~~~≈

-Robbie. Te estábamos buscando -*le dijo uno de los espíritus, con voz grave.*

Robbie hizo un último intento para escapar del grupo, elevándose un poco más aún sobre el resto. Justo en el momento en que creía haber escapado, uno de los seres translúcidos se cruzó en su camino. Al ver que no tenía forma de escapar, Robbie se dio por vencido. Le preguntó al líder:

gave up

-¿Por qué me estaban buscando? ¿Qué necesitan de mí? -*preguntó, nervioso y agitado.*
-Tranquilo, Robbie. Todo está bien. No pasa nada. Tenemos todo bajo control. Te buscábamos... porque te necesitábamos.
-¿Para qué? -*volvió a preguntar.*
-Para salvar el mundo paranormal.
-¿El mundo paranormal? No sé de qué estás hablando.

-Esto es el mundo paranormal. Un mundo fuera del alcance de los seres humanos. Lo que ellos llaman el mundo "espiritual", o "extrasensorial". Lo paranormal, lo esotérico. Todo eso, somos nosotros. Ahora tú también formas parte de esto.

-¿Es la vida después de la muerte?

-Es mucho más que eso. Ya hablaremos del tema. Ahora necesitamos que nos sigas. No podemos perder ni un segundo.

ɛ ~ ~ ~ ʒ

Karen leía una y otra vez los pasajes que acababa de escribir. Definitivamente, le encantaría vivir en ese mundo paranormal en el que vivían sus personajes. Rodeados de misterios y de cosas inexplicables. Pero era imposible. Ya lo había intentado demasiadas veces. Jamás había funcionado. Lo único que le quedaba ahora es resignarse a vivir parte de eso a través de las historias que escribía. Al menos así, aunque solo fuera por unas horas, tenía la posibilidad de transportarse a otros mundos. Mientras leía la última oración sucedió algo totalmente inesperado: la pantalla de su computadora se apagó. Miró el cable de alimentación de su laptop y vio que estaba conectado. Desde hacía meses usaba su Macbook permanentemente conectada a la corriente. La batería de la laptop estaba completamente agotada, por lo que no tenía más opción que usarla siempre enchufada. Ahora estaba enchufada, pero se había apagado de forma inesperada. Intentó volver a prender la computadora sin éxito, una, dos y tres veces. Cuando llevó su vista hacia el techo del departamento se dio cuenta de lo que había sucedido: se había cortado la luz. No había corriente eléctrica en todo el departamento. En realidad -como se enteraría unas horas más tarde- era mucho peor. No había corriente eléctrica en todo el edificio. *"Esto sí que es mala suerte"*, pensó Karen, mirando fijamente su Macbook. *"Me pregunto por qué jamás reemplacé la maldita batería. No tiene ni siquiera el 5% disponible. Totalmente agotada"*. Como en la zona de Miami en que vivía jamás se cortaba la luz, nunca había temido que podría suceder algo así. Un par de veces se le había cortado su conexión a Internet, pero en general eso se solucionaba en apenas unas horas. Esta vez, sin embargo, era distinto. Karen tenía la sensación de que la luz no iba a regresar en unas horas. Tenía un mal presentimiento.

Después de almorzar se sentía inspirada para seguir escribiendo, pero la luz aún no había vuelto. Las opciones eran dos: escribir con (lapicera) en un cuaderno, o ir a un bar con su laptop para poder enchufarla y seguir escribiendo. No estaba segura de cuál de las dos opciones la aterrorizaba más. Con lo que le gustaba la tecnología, la idea de escribir a mano en su cuaderno le parecía un disparate. Le parecía una enorme pérdida de tiempo tener que escribir en un cuaderno para después pasarlo a su computadora. Esa opción estaba descartada. La otra alternativa -ir a un bar- tampoco era la más atractiva. Pero, en esta situación, era la única posible. Estuvo a punto de tomar su laptop e ir al bar más cercano que encontrara, pero prefirió esperar en su casa. A lo mejor su presentimiento estaba errado y la luz volvería en un par de horas. Lamentablemente, ese día no volvió la luz. Ni la mañana siguiente. Ir a un bar a trabajar no la entusiasmaba en lo más mínimo, pero estar sin escribir tampoco le resultaba agradable. Al día siguiente, por la tarde, decidió ir al bar de la esquina de su casa.

La experiencia en el bar fue mucho peor de lo que se imaginaba. Después de estar sentada durante dos

Un disparate = Nonsense, madness
a crazy idea

en lo más mínimo = in the least

17

horas no logró escribir más que un par de oraciones. El ambiente era muy ruidoso y estaba lleno de gente. Una combinación fatal para Karen. Al salir se prometió que jamás volvería a ese bar para intentar trabajar. No tenía sentido. Una verdadera pérdida de tiempo. Más le valía, en todo caso, quedarse en su casa leyendo o haciendo cualquier otra cosa. El bar de la esquina no había funcionado. Se preguntaba si el resto de los bares serían iguales. Si era así iba a tener que pensar en alguna solución. Y rápido.

Más le valía = It was worth more,

Le costaba mucho conciliar el sueño.
She had ~~ha~~ a hard time falling asleep.

Capítulo 4

costar = to be difficult to

El día siguiente despertó a las 5.30am, una hora más temprano que de costumbre. Estaba tan preocupada por el corte de luz que no podía siquiera dormir. No era la primera vez que se estresaba por un problema doméstico. Siempre que ocurría algo así le costaba mucho conciliar el sueño. Como no le gustaba tomar pastillas para dormir, lo máximo que se atrevía a hacer era tomar un té de hierbas, un té sedante o relajante. De cualquier modo, esos tés nunca tenían el efecto deseado. Cuando sucedía algo malo, le costaba lo mismo dormir -con o sin tés.

Después de darse un baño a oscuras, pensó en cuáles eran las alternativas para el día de hoy. Estaba entre ir a un bar tradicional (pero distinto al que había ido ayer) o ir a un sitio más moderno, como Starbucks. Aunque no solía ir a Starbucks, había algo del lugar que le resultaba muy interesante. Tenía la idea de que podía ser un buen sitio para trabajar en su novela. Tal vez porque sabía que muchos freelancers trabajaban allí. *"Incluso, puede que conozca a otros escritores o escritoras. Hay tantos freelancers en Starbucks, que*

sedante = sedative/soothing

seguramente alguno de ellos debe escribir", pensaba Karen, mientras tomaba el desayuno. No sabía exactamente a qué hora abrían los Starbucks, pero podía pasar por allí después de terminar su desayuno. Lo peor que podía pasar era que estuviera cerrado y que tuviera que regresar más tarde.

Sabía que el local más cercano estaba a apenas dos cuadras de su departamento. Antes de salir caminando hacia Starbucks miró la hora en su celular: eran las 7.29am. Si el local estaba abierto podría aprovechar al máximo toda la mañana. *"Lo único que espero es que no esté lleno de freelancers. Tengo ganas de conocer gente. Sí, quiero socializar. Pero hoy necesito trabajar. Necesito avanzar en mi novela. Si hay mucha gente para conversar no podré hacer nada de nada"*, pensaba. Al salir a la calle vio que el día estaba bastante agradable; ni frío ni caluroso. Eso era lo que más le gustaba de vivir en Miami. Era como vivir todo el año en primavera. Y con la ventaja de tener playas cerca. Si le gustara el mar y la arena, probablemente lo disfrutaría aún más. Pero con mirar el paisaje de la playa siente que es suficiente. No necesita más que eso.

El local de Starbucks ya estaba abierto. Era una suerte que abriera justo a las 7.30am. Al entrar al local le sorprendió no encontrar todas las mesas ocupadas. *"Mmm... tal vez este no es el Starbucks más popular de Miami. O puede que sea muy temprano para la mayoría de los freelancers. Sí, tal vez es eso. Sé que muchos freelancers prefieren trabajar por la tarde y por la noche. Los famosos 'night owls'. No entiendo cómo hacen para vivir con esas agendas dadas vueltas. En fin...".* Aunque antes de entrar al local se había prometido hacer un esfuerzo por socializar, después de pagar su café *venti* con vainilla prefirió subir al primer piso. Pensó que tal vez sería mejor trabajar arriba, para tener una mayor tranquilidad. Para evitar distraerse cada vez que alguien entrara o saliera del café.

El primer piso de Starbucks estaba totalmente vacío. No había ni siquiera un empleado o empleada limpiando las mesas o el piso. Arriba no había más que cuatro mesas pequeñas y algunos sillones con mesas más bajas. Cada una de las mesas pequeñas tenía cuatro sillas, salvo una que era para solo dos personas. Enseguida, Karen se sentó en una de las sillas de la mesa para dos. Definitivamente no esperaba a nadie. De hecho, en el fondo deseaba que nadie subiera al primer piso durante toda la mañana. Y eso fue lo que sucedió. O casi.

Entre las 7.40 y las 10.30am estuvo prácticamente todo el tiempo sola. Recién alrededor de las 10.15 o 10.20am una chica subió al primer piso. Karen la miró de reojo, esperando alguna señal de aprobación o algún indicio para saludarla. Pero la chica la miró fugazmente y se sentó en la esquina opuesta del bar. A Karen tampoco le pareció algo fuera de lo normal: no esperaba ponerse a conversar con la primera persona que subiera. Sabía que esto podía llevarle varios días. O incluso hasta semanas. Eso si ella ponía algo de su parte y hacía un pequeño esfuerzo para empezar a socializar un poco más. Algo con lo que venía luchando desde hacía meses y meses.

No tener a nadie con quien hablar en Starbucks, igualmente, le sirvió para dedicarse a escribir. Después de todo, eso era exactamente lo que quería hacer. No podía hacer las dos cosas a la vez: si trabajaba no podría socializar, pero si socializaba ya no podría trabajar tanto. En el fondo hubiera preferido poder avanzar en los dos frentes: socializando y trabajando. Por eso, al regresar a su

22 Fugazmente: Briefly / Fleetingly

casa sintió que había quedado algo pendiente. Pero no era cualquier cosa; era uno de sus grandes desafíos en la vida. A la mañana siguiente volvió a ir al mismo Starbucks. Mientras caminaba hacia el café se le ocurrió la idea por primera vez: *"Tal vez puedo hacer de Starbucks mi lugar de trabajo. No para siempre, claro. Pero, al menos, puedo seguir viniendo a este sitio hasta que vuelva la luz en casa".* Esa mañana escribió hasta las 10.30am. Lo bueno es que fue muy productiva; lo malo es que estuvo toda la mañana sola.

Por la tarde, llamó por teléfono a Daniela. Necesitaba contárselo a alguien:

-Tal vez tengo algo malo yo. Tal vez yo tengo el problema -le dijo a su amiga, por teléfono-.
-¿A qué Starbucks fuiste? ¿A qué hora?
-Fui al que está acá cerca de casa. A las 7.30am, aproximadamente.
-Pero a esa hora es obvio que no vas a encontrar a nadie -le dijo Daniela, riendo con ganas.
-Estaba en el primer piso.
-Y mucho menos en el primer piso. Amiga, tienes que tener paciencia. Fueron solo dos días. Y muy

temprano. Espera unos días más. Seguro vas a
conocer a alguien.

-*Eso espero* -dijo Karen, desanimada.

Capítulo 5

tratarse =
To be about

Aunque Karen no tiene ninguna capacidad paranormal, a veces cree que sus sueños pueden predecir el futuro. Especialmente cuando se trata de sueños muy extraños o de pesadillas. Tiene la necesidad de hacer la conexión entre eso que soñó y algo que sucederá en su vida próximamente. Eso también era lo que la ayudaba a mantener la esperanza de algún día desarrollar habilidades paranormales. Creía que, si era capaz de tener sueños premonitorios, muy posiblemente también sería capaz de desarrollar otras habilidades similares.

La última noche tuvo uno de esos sueños extraños. Fue una pesadilla, ubicada en el mundo paranormal de la novela que está escribiendo. Los personajes también eran los mismos de su historia. Era como ver lo que había pensado en su mente sucediendo en la realidad, como si se tratara de la versión para cine. No solo vio lo que había escrito hasta ese momento, sino también la continuación de la historia. Vio claramente lo que le sucedía a Robbie -el protagonista- y a otros personajes que se sumarían

Sumarse = To join

25

próximamente. *"Me pregunto si algo de esto sucederá en mi vida. ¿Cuál será el mensaje que debo escuchar en este sueño?"*, pensaba Karen. Tenía la firme convicción de que en cada sueño había cosas importantes para aprender. Que cada sueño tenía una lección de vida que debíamos aprovechar. Aunque lo cierto es que muchas veces -como en esta ocasión- le resultaba extremadamente difícil extraer una lección del sueño.

Al despertarse miró su celular: eran las 6.27am. Faltaban tres minutos para que sonara su alarma. Se levantó de la cama y desactivó la alarma para ese día. Casi todos los días se despertaba justo antes de que sonara. Y tenía una gran disciplina para levantarse de la cama de un salto y empezar su día de inmediato. Nunca se le cruzaba por la cabeza quedarse en su cama durmiendo unos minutos o unas horas más. Ni siquiera los fines de semana. Como se acostaba temprano, todas las noches descansaba lo suficiente y se levantaba renovada. Después de levantarse seguía su rutina diaria, todos y cada uno de los días de la semana. El corte de luz en su edificio -que aún continuaba- no era una razón suficiente como para dejar su rutina de lado. Cuando sucedía algo así hacía todo lo posible para evitar que el imprevisto tenga influencia en su vida.

Hoy sería su tercer día en Starbucks. Después de ir dos días seguidos al mismo local decidió que era el lugar indicado para continuar trabajando durante las mañanas. Al menos hasta que volviera la luz en su departamento. Ayer, la encargada de su edificio le había dicho que se resolvería en un par de días. Le dijo: *"Tranquila, Karen. No es nada grave. En unos días va a volver todo a la normalidad"*. Karen la miró sonriendo, deseando profundamente que sea cierto. Que no sea nada grave y que vuelva *"todo a la normalidad"* lo antes posible. Ir a Starbucks era algo que la sacaba de su zona de comodidad y que agregaba algo nuevo en su vida. Sabía que era algo que necesitaba, y que le hacía bien. Al mismo tiempo, el solo hecho de pensar en ir a trabajar a un bar por las mañanas ya le producía estrés. El tener que salir temprano de su casa, escribir en un lugar distinto al que estaba acostumbrada, estar rodeada de gente. Bueno, la verdad es que los últimos días no había estado rodeada de gente; más bien todo lo contrario. Pero la idea de estar rodeada de otras personas mientras escribía -aunque eso no sucediera efectivamente en la realidad- ya era algo estresante.

El primer piso de Starbucks hoy también estaba vacío. Eso le daba una pequeña calma inicial. Al menos podía trabajar sola durante la primera parte de la mañana. *"Es lo bueno de levantarme temprano. ¿A quién se le ocurre venir a un Starbucks a trabajar a las 7.30am? No a la mayoría. Y menos al primer piso, donde todo es más tranquilo aún"*. Los dos días anteriores había estado sola hasta más de las 10am. Recién a esa hora subía alguien al primer piso (ya sea un empleado del local o alguien que se sentaba a tomar un latte o un café). Pero hoy fue distinto.

Un par de minutos después de sentarse en la mesa para dos del primer piso, escuchó los pasos de alguien que subía la escalera. Eso que le parecía tan improbable estaba sucediendo: alguien estaba subiendo al primer piso del Starbucks, a las 7.40am. Ya antes de ver si era un hombre o una mujer, o de verle el rostro, Karen ya sentía un profundo odio por esa persona. Era la persona culpable de perturbar su paz y tranquilidad, su atmósfera de trabajo durante la mañana. Era el o la culpable de quitarle su soledad.

Inmediatamente llevó su atención a la escalera para mirar a la detestable persona que iba a entrometerse en "su" lugar de trabajo. Los pasos se escuchaban cada vez más fuertes, pero aún no podía ver el cuerpo de la persona que estaba por entrar al primer piso. Daba pasos lentos y pesados, con toda la paciencia del mundo. *"Debe ser una persona grande, o alguien con alguna dificultad para caminar"*, pensó Karen, sin despegar la vista de la entrada de la escalera. Pero no. No era una persona grande ni parecía tener ningún problema para caminar.

La persona que subió al primer piso era un hombre que parecía tener poco menos de 30 años. Debía medir casi dos metros y tenía un físico muy trabajado. Una de dos: era un deportista profesional o un fanático del gimnasio. O tal vez las dos a la vez. Llevaba en la mano un anotador de tamaño mediano y una lapicera, pegada al borde de la libreta. El anotador parecía hasta demasiado pequeño para el tamaño de su cuerpo. Karen miró fugazmente su rostro y luego volvió a su computadora. El hombre también la miró por un instante, sin la menor expresión. Luego miró todo el primer piso, en busca de la mejor ubicación para sentarse con su café *tall* y

29

su bocadillo (probablemente un roll de canela). Se sentó en una mesa cercana a la de Karen, abrió su anotador y empezó a escribir. Tomó su café de dos o tres sorbos y comió apenas un bocado del roll de canela. A eso de las 10am, se levantó de su silla y se fue. Karen se quedó pensando en él el resto del día. Había algo en esta persona que le había parecido interesante.

Un sorbo = a sip

Capítulo 6

La mañana siguiente, la sorpresa fue más grande aún. Al subir al primer piso de Starbucks se sorprendió al ver que ya había alguien sentado. Aparentemente, no era la única persona a la que se le ocurría ir a la famosa cadena de cafés a primera hora de la mañana. Era el mismo hombre que había visto ayer, el tipo alto y musculoso. Hoy llevaba puesto un saco largo de color negro, muy parecido al que usaba Neo en *Matrix*. Eso lo hacía parecer más alto e imponente de lo que ya era. Karen lo miró a los ojos y el hombre le sonrió:

-*Buen día* -le dijo.
-*Hola* -respondió Karen, sorprendida de que la haya saludado.

Era la primera vez que un desconocido la saludaba en un bar. Nunca hubiera imaginado que algún día le sucedería a ella. Tuvo una sensación extraña, una mezcla de emoción y de incomodidad. Por un lado, le gustaba que un hombre tan atractivo la hubiera saludado (y con una sonrisa). Pero, por otra parte, no

31

sabía bien cómo actuar, cómo comportarse en una situación así.

Esa mañana le resultó muy difícil concentrarse en la novela. Cada 10 o 15 minutos levantaba la vista de la computadora y miraba en dirección del hombre desconocido. El hombre alternaba entre escribir en su cuaderno, mirar por la ventana del café o usar su celular. Siempre se lo veía muy concentrado, incluso cuando miraba el paisaje por la ventana o a la gente que caminaba por la costa. Karen se preguntaba qué sería lo que estaría escribiendo en su cuaderno, o qué estaría haciendo con su celular. Probablemente respondiendo mails de trabajo. Tenía aspecto de hombre de negocios. Parecía ser alguien con mucho dinero. Al menos por la ropa que usaba y el cuidado que tenía en verse bien.

Poco antes de las 9am el hombre se levantó lentamente de su silla y le dijo a Karen:

-Perdona ¿mirarías mi cuaderno mientras bajo al toilette?

-¿Mirar tu cuaderno? No... claro que no. Es tuyo. Es
algo privado. Claro que no lo miraría -respondió
Karen, torpemente.

-Eh... creo que no me expresé bien -dijo el hombre,
con una media sonrisa-. *Lo que quise decir es,
pedirte si podrías cuidarlo. Es decir, mirar que nadie
se lo lleve.*

-Oh, claro. Sí, sí. Mirar el cuaderno. O sea, cu-cu-
cuidar el cuaderno -dijo, tartamudeando por los
nervios-. *Había entendido mal. Sí, claro que puedo
hacerlo. No te preocupes.*

-¡Te lo agradezco!

El hombre bajó lentamente, tal como lo había visto
subir y bajar los días anteriores. *"Qué estúpida. Cómo
pude haberle dicho eso. Soy la chica más torpe del mundo,
conversando con hombres. Por eso no tengo novio"*,
pensaba Karen, autocastigándose. Mientras el chico
regresaba, intentaba anticipar qué le diría cuando
subiera. Imaginaba que volvería a agradecerle, o algo
por el estilo. Pensaba cuál sería la mejor forma de
responderle. ¿Debería sonreírle, debería mirarlo? ¿Tal
vez hacer un chiste sobre el malentendido que había
ocurrido antes? ¿O simplemente mirarlo y asentir con
la cabeza, sin decir una sola palabra ni hacer un solo

33

gesto? Quizás eso sería lo mejor. Hacer un gesto afirmativo con la cabeza. Con eso no había forma de equivocarse. Entretanto, miraba el cuaderno que le habían encargado a cuidar. Se preguntaba nuevamente qué habría en su interior. ¿Notas, apuntes? ¿Historias, planes de negocios? ¿Un diario personal? Por un momento pensó en darle un vistazo, en abrirlo en cualquier página. Al menos para ver la letra, la caligrafía. Pero enseguida se arrepintió.

Cuando regresó del baño, el hombre le dijo: "*¡Gracias por mirar el cuaderno!*". Karen se limitó a inclinar su cabeza, como única respuesta. Era lo que había ensayado y lo que no podía fallar. Prefería quedar como una chica que hablaba poco antes que como alguien que no sabía cómo mantener una conversación cotidiana sin *"meter la pata"*. El hombre la miró con una gran sonrisa durante unos segundos más. Luego le dijo:

-*¿Escritora?*
-*¿Perdón?* -fue lo único que atinó a decir Karen.
-*¿Eres escritora?*
-*Eh... sí. ¿Cómo supiste?*

-Suerte... y un poco de intuición.

-¿Crees que tengo apariencia de escritora?

-No lo sé -dijo el hombre-. *Me pareció que escribías. Debes escribir historias ¿verdad?*

-Sí. Eres muy intuitivo -dijo Karen, cada vez más interesada en la conversación.

-Jeje... no lo sé. Puede ser. De todos modos, no quiero seguir interrumpiéndote. Te dejo seguir trabajando. Disculpa.

-Está bien, no es molestia -respondió Karen, con ganas de seguir conversando.

Pero el hombre abrió su anotador, dando la conversación por terminada. Continuó apuntando notas en su libreta, mientras miraba de reojo su celular. Karen también intentó retomar la redacción de la novela, pero cada vez le resultaba más difícil. Su mente se había ido totalmente del mundo paranormal y de sus personajes. Mientras intentaba retomar el hilo de la historia pensaba en lo que acababa de suceder en el bar. Sin dudas era algo extraño. El tipo era una de esas personas raras que a Karen le llamaban poderosamente la atención. Parecía tener una intuición muy desarrollada y, además, era sumamente atractivo. Nunca hubiera

Sumamete - extremely (p1)

pensado que podría encontrar esa combinación en un hombre. Y, sin embargo, ahí estaba. Frente a ella, en el primer piso de un Starbucks.

Alrededor de las 10.05am el hombre se levantó y le dijo:

-¡Gracias por mirar el cuaderno! Tal vez nos veamos mañana nuevamente ¿no?
-Sí, tal vez.
-Mi nombre es Robbie. ¿El tuyo?
-Karen.
-Adiós, Karen.

Tomó su cuaderno y bajó la escalera por última vez, a paso lento pero seguro.

Capítulo 7

Solo se dio cuenta de la coincidencia cuando Robbie ya había salido del local. No era cualquier coincidencia. El hombre que acababa de conocer en Starbucks se llamaba igual que el personaje de la novela que estaba escribiendo. ¿No era demasiada coincidencia? No solo tenían el nombre en común, sino también la apariencia. Karen había imaginado a su personaje tal como esta persona que había conocido en el café. Definitivamente, no había explicación racional para este tipo de cosas. Era algo paranormal. O, al menos, a Karen le gustaba creer que lo era.

Mientras caminaba hacia su restaurant favorito, pensaba en lo que había sucedido esa mañana. Se preguntaba si además del nombre y la apariencia física, los dos Robbies también compartirían otras características. *"Tal vez los dos tienen habilidades paranormales. No sería tan descabellado pensarlo... Después de todo, cuando hablamos en el bar adivinó que yo era escritora. Es posible que tenga una intuición muy desarrollada, o algo por el estilo"*, pensaba, dialogando

descabellado = crazy/ridiculous

consigo misma. *"Lo único que espero es no estar volviéndome loca. Esto parece demasiada coincidencia para ser real".*

Después de almorzar dio una larga caminata por la playa. Al seguir sin luz en su casa, no tenía demasiadas opciones para relajarse o entretenerse. Realmente, esto de estar sin luz era horriblemente aburrido. Si quería usar su computadora, cargar su celular o cualquier cosa que requiriera tecnología, no tenía más opción que ir a un bar, restaurant o a la casa de una amiga. Pero ahora llevaba también sus cargadores portátiles. Al menos esos le servían para tener una reserva de energía para su iPhone y su iPad. Era todo lo que necesitaba para poder ver algunas series o películas a la noche.

Ese día se sentía tan emocionada con lo que había sucedido, que no se pudo contener. Necesitaba contárselo a alguien. Le envió un mensaje a Daniela:

-dani, tengo algo para contarte. puedo pasar por tu casa??
-por que mejor no me llamas..??
-Ok, te llamo

Ella no se pudo contener
she couldn't contain herself.

Hablar por teléfono no era lo mismo que verse cara a cara, pero bueno. Karen sabía que su amiga rara vez estaba en su casa. Casi siempre estaba viajando por castings y pruebas para papeles como actriz en películas o series. Karen marcó su número y la llamó, usando la función de manos libres:

-¿Cómo estás, amiga?

-Bien ¿y tú? Te escucho emocionada. ¿Ha pasado algo? -le preguntó Daniela.

-No... O digo, no pasó nada malo. Todo tranquilo, por suerte.

-Qué bueno. Me alegro... ¿Ya volvió la luz en tu casa?

-No, aún no ha vuelto. ¿Cuántos días hace que estoy sin luz? ¿Cuatro, cinco? Ya ni me acuerdo.

-Uy, qué mal... ¿Y dónde estás trabajando?

-Estos días he estado yendo al Starbucks que está cerca de casa. Nada mal...

-Cierto, me habías dicho hace unos días. Que no había mucha gente ¿cierto? ¿Cambió algo en estos días?

-Eh... sí. Estos días ha estado yendo... eh...

-¿Quién ha estado yendo? ¡Ahora dímelo! Vamos, quiero saber.

-Eh... quise decir, no ha estado yendo nadie.

-Mmm...

-Siempre he estado sola.

-¿Seguro? ¿Seguro que no quieres contarme?

-No tengo nada para contarte. Seguro.

-Okay, si no quieres contarme no estás obligada.

-Si luego tengo algo para contarte, te lo contaré. No te preocupes.

Después de hablar con su amiga se arrepintió de haberla llamado. Siempre que le contaba algo personal le sucedía lo mismo. Se decía a sí misma que no le contaría demasiado y luego terminaba contándole más de la cuenta. O Daniela terminaba preguntándole e insistiendo demasiado. Pero, así y todo, cuando se presentaba otra oportunidad parecida volvía a llamarla. Era su mejor amiga. O, mejor dicho, era su única amiga. El resto de las chicas que conocía eran apenas "conocidas". No llegaba a considerarlas verdaderas amigas.

llegar + infinitive

¿~~~? to manage to ....

En el edificio aún no había novedades sobre cuándo volvería la luz. La encargada ya no estaba tan segura de que el problema se solucionaría *"en unos pocos días"*. Tal vez esto podía demorar una semana, o más. Los que tenían amigos o familiares cerca, prácticamente no pasaban tiempo en sus departamentos. Karen solo estaba en su casa por la tarde temprano y a la noche. Lo más práctico en estos casos era pasar todo el día afuera y regresar solamente para dormir. Durante estos días, entraba y salía del edificio mucha más gente que de costumbre. Para la encargada era muy difícil llevar un control de quiénes entraban y salían, y sabía que eso tarde o temprano iba a perjudicarlos. De hecho, esa misma noche sucedió algo. Un grupo de tres ladrones había intentado ingresar al edificio para robar. El truco que planeaban usar era hacerse pasar por técnicos del servicio de electricidad. El plan era lograr acceso al edificio usando uniformes muy similares a los que tenían los verdaderos técnicos eléctricos. Por suerte, la policía los capturó justo a tiempo antes de que consiguieran entrar al edificio.

Después de enterarse del intento de robo en su edificio, Karen hasta llegó a pensar en mudarse a otro sitio temporalmente. Buscó lugares posibles en el navegador de su celular y estimó lo que tendría que pagar por algunas semanas. Pero finalmente se dijo a

desembolsar = to pay out

sí misma que era una locura. No tenía sentido
desembolsar tanto dinero por un intento de robo.
Hacía años que vivía en el edificio y esta era la
primera vez que había ocurrido algo así. Lo mejor era
quedarse.

aguantar = to put up with

Capítulo 8

Al día siguiente Karen se despertó con un excelente humor. Desde el momento en que abrió los ojos tenía una inexplicable sensación de felicidad. Pensaba que tal vez era por la época del año (la primavera la ponía de muy buen humor), aunque en el fondo sabía por qué estaba así. Al levantarse de la cama y mirar la hora en su celular, automáticamente calculó cuánto tiempo faltaba para ir a trabajar a Starbucks. Cualquiera hubiera dicho que Karen era una escritora tan apasionada que no podía aguantar el deseo de sentarse y empezar a escribir. Pero hoy sucedía algo distinto. Lo que anticipaba con mayor intensidad no era la hora de sentarse a trabajar con su computadora. Lo único que le interesaba era volver a ver a Robbie.

Te voy a ganar: I'm going to beat you

Today she had set out to beat him

Hoy se había propuesto ganarle de mano: quería llegar antes que él. Para eso se aseguró de estar en la puerta del local apenas abriera. Después de retirar su *cappuccino*, subió las escaleras con total tranquilidad. Como no podía ser de otra manera, el primer piso estaba vacío. Karen eligió la mesa de siempre, la

Proponerse = To resolve to, To set out to
ganar = to beat/defeat

43

única que tenía dos sillas. Abrió su Macbook y leyó lo que había escrito el día anterior. Por lo general, al empezar un nuevo día de trabajo continuaba escribiendo desde donde había dejado. Pero hoy estaba demasiado ansiosa como para empezar a trabajar de inmediato. Estaba pendiente del sonido de la escalera.

Robbie llegó poco después de las 7.50am. Hoy -al igual que ayer- también la saludó justo antes de sentarse. Karen le devolvió el saludo de la forma más simpática que pudo y siguió trabajando. Quería continuar con la conversación -o, mejor dicho, empezarla-, pero no tenía idea de qué podría decirle. Tal vez hacer algún comentario sobre el clima, o sobre el anotador. También pensó en que podía fingir tener ganas de ir al baño, y pedirle a Robbie que cuidara su computadora mientras ella bajaba. Por suerte, no tuvo que hacer nada de eso. Unos minutos más tarde, Robbie le dijo:

-Lamento lo del intento de robo en tu edificio.
Seguramente no lo deben haber pasado bien.
-¿Qué? ¿A qué te refieres? -le preguntó Karen, sin entender.

Al principio creyó que se había imaginado el comentario de Robbie, pero como él la seguía mirando se dio cuenta de que efectivamente era algo que había dicho.

-Sé que hubo un intento de robo en tu edifico.
-¿Cómo lo sabes? -volvió a preguntar Karen, bastante alarmada-. *¿Eres policía, o algo así?*
-No, no soy policía. Simplemente lo supe. Como también sé que tu mejor amiga se llama Daniela, o que tu película favorita es "El Exorcista".

Karen se quedó en silencio unos momentos, sin saber qué decir o hacer. Era la primera vez que le sucedía algo así. Tenía la sensación de que Robbie podía leer su mente. Que podía leer cada uno de sus pensamientos o recuerdos. De pronto se sentía increíblemente vulnerable.

-¿Puedes leer la mente de otras personas? -le preguntó Karen, directamente.
-Este... sí. Podríamos decir que sí. Algo así.
-¿Algo así? ¿A qué te refieres? ¿Puedes o no puedes hacerlo?

Divulgar = To publicise

-Sí, puedo hacerlo. Es una habilidad que tengo desde
pequeño.

-¿Y cómo aprendiste a desarrollarla? Me interesa
mucho el tema.

-Sí, sé que te interesa.

-Claro...

-No recuerdo haber aprendido a desarrollarla. Esto es
algo que siempre ha estado conmigo. Desde que tengo
memoria.

-Es increíble. Eres la primera persona que conozco,
que tiene una habilidad paranormal.

-Jeje, no somos demasiados en el mundo. Y no lo
estamos divulgando todo el tiempo. Yo te lo cuento a
ti porque sé que eres receptiva a estas cosas. Y
también porque sé que estás muy interesada.

-Sí que lo estoy. Escucha... ¿podrías enseñarme a
desarrollar esta habilidad? Realmente me gustaría
poder leer la mente de las personas.

-Claro... ¿a quién no le gustaría? -respondió
Robbie, sonriendo.

-Sí, eso es cierto. Pero yo lo usaría para hacer el bien.
Nunca lo usaría en contra de otras personas.

-Sí, sé que tienes un corazón puro.

-¿Entonces? ¿Me enseñarás a hacerlo?

-Puede ser. Déjame pensarlo...

Luego se quedó en silencio. Karen siguió mirándolo unos momentos, pero enseguida comprendió que no obtendría una respuesta ahora. Aparentemente, era algo que debía pensar un buen rato. Tal vez le respondería recién al día siguiente. Sea como sea, había esperado tanto tiempo. Toda su vida. No le molestaba esperar aún un poco más para tener una respuesta. Lo único que podía hacer en un momento así era concentrarse en su trabajo. Tipeaba furiosamente oración tras oración, pensando en cómo cambiaría su vida si Robbie aceptaba enseñarle lo que sabía hacer. Sin dudas sería una vida completamente distinta. Quizás hasta él le podría presentar a sus amigos y amigas (quienes seguramente también tendrían habilidades paranormales). Ya podía sentirse formando parte de nuevos círculos sociales, mucho más estimulantes que los que tenía ahora.

A las 10am en punto, Robbie se levantó de su silla y le dijo:

-Está bien. Puedo enseñarte a hacer lo que sé. Pero antes tienes que prometerme dos cosas.
-Sí. Dime cuáles dos cosas y lo haré. No hay problema.

-En primer lugar, tienes que prometerme que usarás esta habilidad solo de forma positiva y que nunca intentarás sacar ventaja de otras personas. En segundo lugar, deberás prometerme que jamás le hablarás a nadie sobre mí. A nadie.

-Okay. Acepto las dos condiciones. Prometido.

Capítulo 9

Las dos semanas siguientes Karen siguió yendo a Starbucks todos los días, de lunes a sábados. Robbie iba solamente los días de semana, por lo que se veían cinco veces por semana. Después del encuentro en el que Robbie le confesó que podía leer mentes, ya nada fue lo mismo. Ese día Karen cayó perdidamente enamorada. Robbie tenía todo lo que buscaba en un hombre, y hasta un poco más. Hubiera sido imposible para ella no enamorarse de alguien así. Cada día que pasaba se sentía más y más cerca de él.

Tal como habían quedado, Robbie empezó a enseñarle lo que sabía sobre habilidades paranormales. Le dijo que al principio iban a hablar más que nada sobre teoría y cosas generales. Luego, cuando llegara el momento, pasarían a la práctica. De todos modos, le dijo que posiblemente empezara a ver resultados incluso antes de hacer ejercicios prácticos. A Karen no le entusiasmaba demasiado la idea de empezar con la teoría, pero si eso era lo que Robbie le recomendaba no tenía más opción que seguir su consejo. Quedaron en que hablarían sobre esos temas lo más temprano posible, entre las 7.30 y las 8am. De esa forma se aseguraban de tener privacidad, ya que a esa hora nunca había nadie en el primer piso (de hecho, rara vez subía alguien antes de las 10am).

Las cosas que le enseñaba Robbie le resultaban familiares. Tenía la sensación de haber leído todo -o casi todo. Era como si le estuviera repitiendo o recordando algo que ella había aprendido en otro momento. *"Tal vez en una vida pasada"*, pensaba. Varias veces estuvo a punto de decírselo, pero creyó que podía llegar a ofenderse. No quería que Robbie la malinterpretara. Todo lo que le estaba enseñando era súper interesante. El único problema es que no era para nada original. Algunas cosas se podían encontrar fácilmente en Internet (como comprobó más tarde al googlear lo que le iba enseñando). Pero estaba dispuesta a pasar por todo eso para llegar a la práctica, que era lo que realmente le interesaba.

Todas las tardes Karen aprovechaba para releer los apuntes que tomaba en sus conversaciones con Robbie. Pensaba en cómo podría empezar a aplicar lo aprendido en su vida diaria. Ensayaba sus habilidades para leer mentes de otras personas con cualquiera, y en cualquier momento. Aprovechaba cada una de las oportunidades que se le presentaba. Por ejemplo, cuando iba a comprar al supermercado, o cuando hablaba por teléfono con Daniela o con su familia. Todas eran oportunidades para ver cuánto iba avanzando con sus habilidades paranormales. Aunque la mayoría de las veces no veía ningún resultado, el mero hecho de practicar la mantenía entusiasmada. Estaba convencida de que pronto vería los primeros indicios de sus poderes.

La conversación entre Karen y Robbie se mantenía estrictamente en lo que tenía que ver con habilidades paranormales y cómo leer la mente de otras personas. En varias oportunidades Karen intentó desviar la conversación hacia otros temas, pero no tuvo éxito. Tenía demasiada curiosidad en conocer un poco más sobre la vida de Robbie. Él sabía que ella era escritora y -como podía leer su mente- sabía también muchas otras cosas. Pero ella no sabía nada de él. Tenía que contentarse con imaginar cuál sería su profesión, si era soltero, cómo serían sus amigos. Estaba claro que Robbie no le contaría nada de eso. Al menos, en el corto plazo. Era una persona extremadamente reservada. Al mismo tiempo, le gustaba mantener un halo de misterio alrededor de su persona. Le resultaba divertido que la gente no sepa bien quién era. Mantener su privacidad.

Karen también se preguntaba si lo que ella sentía por él sería correspondido. ¿Era posible que él también la encontrara atractiva, interesante? Después de todo, por algo habían empezado a hablar. Y por algo había aceptado enseñarle lo que sabía. Aunque bien podría ser que no tuviera ningún interés en ella como mujer. Por ahora, prefería mantener las esperanzas. El solo pensar y fantasear con que podría tener algo con Robbie la hacía inmensamente feliz.

Cuando lograba recuperar su concentración aprovechaba para continuar escribiendo. La historia continuaba su curso de acuerdo al plan que había trazado de antemano.

ʒ ~ ~ ~ ʒ

En el mundo paranormal, Robbie fue designado como el encargado de instruir a una legión de espíritus. Su tarea sería enseñarles habilidades paranormales avanzadas, incluyendo clarividencia, telekinesis y teletransportación. El objetivo era prepararlos de la mejor manera para cuando llegara el momento de enfrentar a Ann y su ejército de fantasmas. Como el enemigo los superaba en cantidad, no les quedaba más opción que planear la batalla con mucha creatividad. No había forma de que los espíritus de su bando los superaran en número, pero podían superarlos en habilidad.

El plan de Robbie era dedicar varias semanas a cada una de las habilidades. La primera de todas fue la teletransportación. Según le habían enseñado, para desarrollar esta habilidad lo más recomendable era comenzar con ejercicios de concentración y de control mental. Por eso, durante una semana entera se enfocó únicamente en ejercicios preparatorios. Eso les daría a todos los espíritus-estudiantes la oportunidad de tener una buena base para aprender cosas más avanzadas.

La práctica de teletransportación fue entre distintos planos de realidad. Robbie les enseñó cómo pasar del plano de los seres humanos, al plano celestial de los dioses y al plano de los fantasmas. El objetivo final era que cada uno pudiera moverse entre los distintos planos con total fluidez. Nunca se sabía cuándo podía ser necesario pasar de uno a otro.

Contar con esa habilidad era un seguro extra que les permitiría combatir con mayor tranquilidad. Pero, hasta que llegara el momento de la batalla aún tenían mucho por aprender.

Capítulo 10

Ya hace tres semanas que Karen va a trabajar a Starbucks todas las mañanas (excepto los domingos). Hace unos días arreglaron el problema de electricidad en su edificio, por lo que ya tiene luz. Así y todo, decidió seguir yendo a escribir a Starbucks todos los días. Ahora tiene otras razones para ir, además de la escritura y la falta de luz. Y como va todos los días a la misma hora, los empleados del café ya saben su nombre y algunas cosas más sobre ella. Durante la última semana, uno de los empleados insistía con hacerle preguntas y conversar con ella mientras le servía su café o *cappuccino*. El último viernes hasta la invitaron a salir:

-Me alegro de que haya vuelto la luz en tu departamento -le dijo el chico, mirándola directamente a los ojos.

-Sí, es una suerte. Tardó más de lo planeado, pero finalmente se solucionó.

-Espero que de todos modos sigas viniendo. Sabes que todas las mañanas te esperamos en el primer piso.

-*Jaja, gracias. Qué bueno saberlo* -respondió Karen, riendo.

-*Me preguntaba si tienes planes para el domingo a la tarde. Me gustaría invitarte algo, un café o un helado.*

-*Eh... te lo agradezco, pero ya tengo planes* -dijo Karen, con el rostro sonrojado.

-*Okay, está bien. Tal vez podemos combinar para algún otro día, más adelante.*

-*¡Hasta luego!*

Karen fue rápidamente en dirección a la escalera, sin mirar hacia atrás. "*¿Qué es eso que acaba de pasar? ¿Acaso ese chico me invitó a salir? Es la primera vez que alguien me invita a tomar un helado. Esto sí que es extraño. Todo se está poniendo cada vez más raro*", pensó Karen, mientras subía la escalera de a saltos. Que la hayan invitado a salir era un gran halago, pero también era una sorpresa. En este caso en particular no tenía ningún interés en salir con ese chico. Por eso no le resultó difícil responderle. Pero ¿cómo debería responder en caso de querer aceptar la invitación? ¿Qué respondería si alguien como Robbie fuera quien la invitara? En ese caso no tenía ni la menor idea de cómo haría para continuar la conversación.

Probablemente le diría algo como *"Bueno, sí. Está bien"*, o *"Sí, excelente. Me parece bien"*. Luego sería cuestión de combinar un horario que les quede bien a los dos.

Entretanto, se sienta en el lugar de siempre y abre su computadora. Desde que empezó a aprender con Robbie toma sus apuntes en un archivo separado en su laptop. Intentó escribir en un cuaderno como hace él, pero no se sentía cómoda. Odia su letra manuscrita. Hace tanto que no escribe a mano que poco a poco fue perdiendo su habilidad. Cada vez que escribe algo con lápiz o lapicera le cuesta un enorme trabajo leer qué es lo que dice. Su letra es totalmente incomprensible. Por suerte, a Robbie no le molesta que tome notas en su computadora mientras charlan. Un día Karen le pidió si podía grabar la conversación para escucharla más tarde, pero él se negó. Le dijo que era *"demasiado peligroso"* y que *"no tiene sentido grabarlo"*. Karen no tuvo más opción que aceptarlo. Esas eran las condiciones.

Aunque ya habían pasado dos semanas enteras, aún seguían hablando sobre la teoría de la lectura de mentes. Por momentos, Karen sentía que estaba en una clase en la universidad. Robbie tenía infinitos conocimientos sobre fenómenos paranormales. Se notaba a la legua que sabía perfectamente de lo que estaba hablando. Pero, así y todo, sus explicaciones a veces no eran las mejores. Como sabía tanto y él estaba tan avanzado, muchas veces le resultaba difícil bajar al nivel de Karen. Explicarle esos mismos conceptos con palabras sencillas. Cada vez que decía algo que no entendía, Karen lo interrumpía y le pedía que le explicara el concepto o la nueva palabra. Aunque era una chica muy tímida, nunca le había dado vergüenza hacer preguntas para entender mejor lo que no comprendía. Lo había hecho en la escuela, en la universidad, y seguiría haciéndolo en el sitio que sea. La frase que la acompañaba era: *"No voy a dejar una duda dando vueltas en mi cabeza, cuando pueda despejarla"*. Tenía la convicción de que hacer buenas preguntas la ayudaba a liberar una mayor capacidad mental.

-*¿Sabes por qué muchas personas no desarrollan habilidades paranormales?* -le preguntó Robbie un día.
-*Mmm... ¿porque no tienen el talento...?* -respondió Karen.

-No exactamente. Todos tenemos ese talento en potencia. Es por otra razón.

-¿Por falta de interés, tal vez?

-Bueno, sí. Esa puede ser una razón. Pero, entre la gente que quiere hacerlo. ¿Por qué solo unos pocos logran hacerlo?

-No, no sé. No sé cuál es la respuesta.

-Okay, te lo diré: las personas que no lo logran, casi siempre es por sus creencias.

-¿Por sus creencias?

-Sí, esa es la razón.

-No entiendo. ¿Puedes explicarme eso?

-Sí, con gusto. Mira... la gente no desarrolla estas habilidades porque creen que no pueden hacerlo. Esa es la creencia equivocada que tienen.

-¿Tú no crees que es una creencia equivocada? ¿Acaso no crees que solo una pequeña parte de la población puede desarrollar ese tipo de poderes?

-Creo que todo el planeta tiene esta habilidad, aunque en muchos casos está en estado latente. Adormecido.

-Entiendo. Veo...

Karen hizo una pequeña pausa y luego continuó con la pregunta que quería hacerle desde hace días:

-Cambiando de tema: ¿cuándo me invitarás a tomar
un café o un helado?
-Eh… lo siento Karen, pero por ahora no puedo.
Perdóname. No puedo.

Karen desvió la mirada, con gesto resignado. El viernes pasado ella había rechazado al empleado de Starbucks. Ahora le tocaba a ella ser la persona rechazada.

Capítulo 11

"Claro... debí imaginarlo. Seguramente tenga novia. Quedé como una estúpida. Todo por decirle algo que jamás le hubiera dicho a ningún otro chico", pensaba Karen, al salir de Starbucks. Se sentía infinitamente avergonzada, sin saber qué hacer o cómo seguir de aquí en adelante. *"Espero que después de esto siga enseñándome sobre cosas paranormales. Lo único que espero ahora es no haber echado todo a perder. Eso sí que sería desastroso"*. Por lo poco que Karen conocía a Robbie, estimaba que él no tendría problemas en seguir teniendo las charlas sobre fenómenos paranormales. Después de todo, solo había sido la insinuación de una invitación. Mañana, si ambos querían, podía volver todo a la normalidad. *"No sé por qué tengo esta costumbre de dramatizar absolutamente todo lo que me sucede en la vida. Tal vez por eso me gusta escribir novelas. No puedo dejar de "dramatizar" y crear historias"*.

En situaciones así es cuando más le gustaría poder hablar con una amiga. Pensó en contarle a Daniela todo lo que había sucedido, pero inmediatamente se arrepintió. Primero, porque le daba mucha vergüenza hablar de estas cosas con otras personas. Y, en segundo lugar -y tal vez más importante aún- porque le había prometido a Robbie que no le contaría a nadie sobre él. Sería muy difícil hablar con su amiga sin contarle absolutamente nada sobre el hombre que había conocido hacía un par de semanas en Starbucks. Pero... a lo mejor no necesitaba contarle absolutamente todo. Quizás, con contarle al menos parte de lo que le había sucedido podía llegar a pedirle algún consejo. O, por lo menos, escuchar su opinión sobre el tema. Daniela tenía mucha experiencia con chicos, y seguramente le daría la respuesta que estaba buscando.

-¿Cómo estás, Dani?

-Hola, Karen. Todo bien ¿y tú?

-Bien, muy bien... Pensaba en que hace mucho que no hablamos. ¿Tienes unos minutos para hablar?

-Sí, claro que sí, amiga -respondió Daniela, en tono amistoso.

-Ahora que ha vuelto la luz en mi departamento mi vida volvió a la normalidad. Bueno, al menos en parte.

-¿"En parte"? ¿Por qué dices eso? ¿Ha ocurrido algo? ¿Qué me he perdido?

-No, nada importante. Últimamente he estado pensando bastante en algunos personajes. Personajes de mi última novela, ya sabes.

-Ahá...

-Por ejemplo, una chica que es rechazada por el chico que le gusta.

-Mira tú... eso no es tan usual. Me parece interesante para una novela.

-¿De veras crees que no es muy usual? ¿Y por qué?

-Y... porque las mujeres suelen ser quienes rechazan a los hombres. Cuando no les gustan, claro está. Que un hombre rechace a una mujer es más raro. De hecho, no es algo que uno vea tan seguido.

-Entiendo... ¿Y por qué crees que un hombre rechazaría a una mujer? Te pregunto por el personaje de mi novela, como te había dicho.

-Mmm... depende mucho de cada situación. Para decirte algo más preciso debería conocer más sobre la historia particular de este chico. Y también sobre la chica, claro.

-Veo... Claro, depende. Mira, no puedo contarte demasiado porque va a formar parte de mi próxima novela. Ya sabes que prefiero mantener el misterio hasta la fecha de la publicación. Pero, de todos modos, calculo que algo puede contarte.

-Okay... no es necesario que me des todos los detalles. Solo una idea general.

-Bien. A los dos les interesan los fenómenos paranormales. Él es alto y musculoso (no sé si eso es importante, pero lo menciono), y tiene mucha confianza sobre sí mismo. No estoy segura de si tiene novia y...

-Espera. Espera un momento. ¿Has dicho que no estás segura de si tiene novia? ¿Cómo es posible? ¿Acaso no es un personaje de tu novela?

-Eh... este... Sí. Lo que ocurre es que aún no he decidido si él tiene o no tiene novia oficial.

-Mmm... okay. Sigue contándome.

-Creo que eso es todo. No hay mucho más que eso.

-Bueno, con la información que me has dado yo creo que lo más probable es que tenga novia. Por eso ha rechazado a la otra chica. Especialmente si tienen confianza, si conversan y eso.

-Entonces ¿tú crees que lo mejor será que le "invente" una novia a este personaje? ¿Será esa una buena razón para que haya rechazado a la chica?

-Pues yo creo que sí. Tiene mucho sentido.

-Okay. ¡Gracias Dani!

De regreso en su casa, Karen abre su Macbook y empieza a escribir la continuación de la novela "Paranormal":

Varios de los espíritus a los que está preparando Robbie pertenecen a una categoría especial: se trata de ángeles caídos del cielo. Hay ángeles de sexo masculino y femenino. Todos tienen una edad biológica que no supera los 20 años. Aunque envejecen y mueren como todos los seres, su cuerpo astral no se deteriora. Una de las mujeres ángeles -Emma- llama poderosamente la atención de Robbie. Es una de las guardianas del tercer cielo. Desde el momento en que la vio, Robbie cayó perdidamente enamorado. Jamás se hubiera imaginado que podría enamorarse de un espíritu, pero eso era lo que le estaba sucediendo. No tenía otra forma de describirlo.

Emma era tan alta como Robbie, pero tenía cabello rubio. Sus alas medían casi 1 metro y medio de largo, y -según decían quienes las habían tocado- eran extremadamente suaves. El amor de Robbie por Emma fue correspondido de inmediato. Para guardar las apariencias, sin embargo, debían mantenerlo en secreto. Robbie no podía contarle a nadie que su pareja era una guardiana del tercer cielo. Si se descubría su secreto hasta podía peligrar el éxito de la misión que planeaban: salvar al mundo paranormal.

La afinidad = The similarity

Capítulo 12

Desmedido/a: Excessive/Disproportionate/Boundless

Tal vez lo que le dijo Daniela era cierto: a lo mejor Robbie tenía novia. Esa era la explicación más razonable, de por qué la había rechazado en el café. Karen ciertamente no es la chica más linda de Miami, pero la mayoría de los chicos dirían que es atractiva. Por otra parte, había una afinidad entre los dos. Compartían este interés desmedido sobre todo lo que tenía que ver con fenómenos paranormales. Y, si bien es cierto que él no le había contado mucho sobre su vida, la verdad es que confiaba bastante en ella. De no haber sido así no se podría explicar que le hubiera confesado que contaba con habilidades especiales. Definitivamente, eso no es algo que uno le va contando a todo el mundo por ahí.

A la mañana siguiente, al subir al primer piso de Starbucks Karen ve que Robbie ya está sentado en el lugar de siempre. Cuando escucha los pasos de Karen, levanta la vista y la saluda con una media sonrisa. A Karen le da la impresión de que hoy está un poco más serio que de costumbre.

-¿Continuamos con lo que veníamos viendo?
-Sí, claro -respondió Karen, contenta de que
Robbie no haya mencionado lo del día anterior.
-Ya nos queda poca teoría por ver. Luego podremos
comenzar con la práctica. Eso será lo más divertido.
Ya lo verás.

Mientras conversaban, Karen lo miraba con mucha
atención. Pensaba en si efectivamente tendría novia.
Si estaba en pareja probablemente estaría con una
chica súper atractiva. Y, posiblemente, con alguien
que también tuviera alguna de las capacidades
paranormales que él tenía. No le parecía posible que
Robbie estuviera con una chica "normal", con una
chica común y corriente. Si no tenía novia, eso le
daba algunas esperanzas. Al no formar parte del
grupo de chicas normales, claramente tenía algunas
posibilidades con Robbie.

-Hoy continuaremos trabajando sobre la combinación
de concentración e intuición. Ese es un punto clave
para cualquier persona que desee desarrollar este tipo
de habilidades.

-¿A qué te refieres exactamente con concentración?
¿Es una meditación, o algo así? ¿O es la
concentración que se necesita para dar un examen?
-Bueno, tiene un poco de ambas. Mucha gente
desarrolla su concentración a través de la meditación.
Lo hacen con distintos objetos: una vela, con la
respiración, colores, etc. No es la única manera, pero
es de las más practicadas.
-¿Tú practicas algún tipo de meditación?
-Claro. Por supuesto -respondió Robbie,
entusiasmado-. ¿Acaso tú no practicas meditación?
-Eh... no. O, al menos, no de momento. Pero es algo
que me gustaría hacer más adelante.
-Te lo recomiendo mucho. Para mejorar tu
concentración y también para desarrollar un
sinnúmero de otras habilidades. Es muy importante.
-Okay, lo tendré en cuenta. Luego te pediré me
recomiendes alguna meditación en particular.
-Sí, puedo recomendarte varias.

Mientras conversaban Karen notó cómo,
gradualmente, Robbie cambiaba la forma en que la
miraba. De pronto, le dio la impresión de que
intentaba seducirla. Había algo en la forma en que
entornaba los ojos, en cómo inclinaba la cabeza

cuando hablaba. También en el tono de su voz. Sí, sobre todo en su tono de voz. Era mucho más dulce y seductor que de costumbre. Normalmente, Robbie tenía una voz intermedia o aguda. Hoy, sin embargo, hablaba con una voz mucho más grave. Parecía una imitación de Elvis Presley (aunque una muy buena). A lo mejor todo esto eran ideas de Karen. Quizás su intención no era seducirla; en absoluto. Tal vez era simplemente una interpretación errónea por parte de Karen. Y lo de la voz podía ser otra cosa. Algo como una gripe o un resfrío. Cuando la gente se enferma es muy común que la voz suene bastante más grave que de costumbre. En el caso de Robbie, la verdad es que no parecía estar enfermo. Siempre se lo veía con un perfecto estado físico, muy radiante. Aunque hay que admitir que, a veces, esas cosas no se notan a simple vista.

Justo antes de que terminaran la conversación -ya eran casi las 8am-, Karen le preguntó frontalmente: *"Robbie ¿tienes novia?"*. Él la miró nuevamente con la cabeza inclinada, y le respondió: *"No. No tengo novia"*. Finalmente, se había sacado la duda. No sabía si había hecho bien o no en preguntárselo, pero lo importante es que se había animado a hacerlo.

Odiaba esa sensación de duda e incertidumbre que aparecía cuando tenía ganas de hacer algo y no se animaba a llevarlo a la práctica. Ahora que no cargaba con ese peso podía continuar escribiendo.

Durante el resto de la mañana siguió escribiendo sobre el romance entre Robbie y Emma en su novela. No sabía cómo eran los romances entre un espíritu y un ángel, pero podía imaginarse algunas características. Probablemente serían "platónicos". Como ninguno de los personajes tenía un cuerpo físico (eran cuerpos astrales), le parecía ridículo que tuvieran algún tipo de contacto. ¿Qué tipo de contacto podía haber entre dos seres que no tenían ningún tipo de materialidad? Ninguno.

A las 10 en punto, en el café, Robbie se despidió sin darle un beso. Karen lo observó con atención mientras bajaba las escaleras y se iba de Starbucks. Por primera vez se le ocurrió mirar por la ventana. Sentía muchísima curiosidad por saber a dónde iría o qué haría. La mayor sorpresa fue cuando vio que alguien lo estaba esperando. Era una chica muy alta, de cabello rubio. Lo saludó con un beso en la mejilla y le dijo algo al oído. Unos segundos más tarde se fueron caminando juntos, tomados de la mano. Aunque no se habían besado en la boca era obvio que eran novios. Eran pareja. No había duda de eso. Eso quería decir que Robbie le había mentido.

Capítulo 13

Recién se dio cuenta del parecido físico cuando los vio irse tomados de la mano. La chica rubia que acababa de irse con Robbie tenía las mismas características que Emma, el personaje de su novela. Es decir, los dos Robbies (el real y el de su novela) estaban en pareja con chicas altas y rubias. Esto ya era demasiado. ¿Cómo era posible que existieran tantas coincidencias entre su novela y lo que le estaba sucediendo en la vida real? Era como si su novela estuviera anticipando lo que luego pasaría en el mundo. Una locura. Jamás había oído algo así. Ni siquiera en los grupos de Facebook o en los sitios sobre fenómenos paranormales que frecuentaba. Esto que le estaba pasando iba más allá de cualquier cosa que hubiera leído o escuchado. Era tan extraño que, por un momento, dudó de que fuera real. ¿No estaría volviéndose loca? ¿No sería todo producto de su imaginación? Era una posibilidad, pero la verdad es que Robbie se veía muy real. No podía ser producto de su imaginación.

acertado/a = good/accurate/clever

Entonces, existía un paralelismo entre su novela y su vida. O, mejor dicho, entre los personajes de la novela y la gente que conocía en su vida. Fue en ese instante cuando se le vino a la mente una nueva pregunta. Tal vez, la más desagradable de todas. ¿Cuál era el papel que representaba ella -Karen- en su novela? O, mejor dicho, ¿cuál era el equivalente de ella en su novela? El Robbie que conocía de Starbucks era equivalente al Robbie de su novela (el espíritu que debía salvar al mundo paranormal). Ahora, en su novela no había ningún personaje llamado "Karen". Las únicas mujeres que había eran Ann y Emma. Si Emma era la actual pareja de Robbie, entonces... ella tenía que ser Ann. El personaje más desagradable de la novela. La mujer con cola y patas de caballo, con alas de plumas negras. Ella estaba representada por esa mujer-demonio que quería conquistar el mundo paranormal. La misma Ann que perseguía a todos los hombres, y a la que ninguno le daba bolilla. La que vivía en soledad y solo pensaba en cómo desarrollar más y más sus habilidades paranormales. Todas esas eran las características de Ann. Y eran un reflejo bastante acertado de Karen. Tal vez en ella no se mostraban de forma tan acentuada, pero de todos modos allí estaban.

Dar bolilla = LA only. To take notice of

‹ ~ ~ ~ ›

Desde hace varios días Daniela nota algo raro en su amiga de toda la vida. Karen siempre fue una chica extraña, pero ahora la ve mucho más rara aún. Las cosas que antes compartía solo con algunas pocas personas, ahora las comparte públicamente en su muro de Facebook o en blogs personales. Escribe confesiones abiertas sobre fenómenos paranormales y pide ayuda a seres de otros planos de existencia. En una sola palabra: Daniela ve que su amiga está desesperada. Algo muy extraño está ocurriendo en su vida, y no sabe bien cómo resolverlo. Daniela tampoco sabe cómo puede ayudarla, pero le gustaría poder hacer algo por ella. La última vez que hablaron por teléfono, le dijo:

> *-Karen ¿de veras te encuentras bien?*
> *-Sí, sí. Estoy bien. De veras.*
> *-Perdóname, pero no te creo nada.*
> *-Okay, allá tú si no me crees.*
> *-Es que... en tu cuenta de Facebook y en tus blogs publicas cosas que... me llaman la atención. ¿Por qué publicas eso? Veo que estás pidiendo ayuda, pero no sé qué tipo de ayuda necesitas. Karen, de veras me*

gustaría poder ayudarte con lo que necesites. Solo tienes que decírmelo.

-Te lo agradezco, amiga. Lo que sucede es que no creo que puedas ayudarme con esto. Es algo demasiado extraño, y no creo que tengas las herramientas como para poder ayudarme. De veras que te lo agradezco.

-Al menos dime de qué se trata. Déjame intentarlo. Quizás yo no tengo la solución a tu problema, pero puede que conozca a alguien que te pueda ayudar.

-¿Conoces a alguien que tenga mucha experiencia en fenómenos paranormales?

-No, la verdad es que no.

-En ese caso, no creo que puedas ayudarme demasiado. Lo siento, pero la ayuda que necesito en este momento tiene que ver con eso.

-Bueno, puede que no conozca a nadie con poderes paranormales, pero tal vez puedo recomendarte un psicólogo, o un psiquiatra.

-Sabía que dirías eso... -dijo Karen, en su tono de voz más frío y serio.

-¿Qué tiene de malo? ¿Acaso dije algo malo?

-¿Estás insinuando que estoy loca? ¿Que tengo algún problema mental? ¿Eso es lo que quieres decir?

-Perdóname, Karen. No quise decir eso. Es lo único que se me ocurre en este momento. Quiero ayudarte.

Agasajar = To fete/lavish attention on s.o

-Lo siento, pero no hay nada que puedas hacer.

-Okay. Lo que tú digas.

-Cuando necesite algo te lo haré saber. Por ahora, seguiré buscando.

-Ya sabes que cuentas conmigo para lo que necesites. Para eso somos amigas.

Las charlas por teléfono con Daniela eran cada vez más espaciadas y cada vez más breves. Karen había perdido todo el interés por mantenerse en contacto con su amiga de toda la vida. En este momento, el centro de su vida pasaba pura y exclusivamente por su novela y por las mañanas en Starbucks. Todo giraba en torno a Robbie. No podía evitar pensar en él durante todo el día, desde que se levantaba a la mañana hasta que se acostaba. El hecho de pasar tanto tiempo con él, todos y cada uno de los días por la mañana, tampoco ayudaba demasiado. A medida que pasaba el tiempo, Karen se volvía cada vez más dependiente de Robbie. Pensaba en cómo podía sorprenderlo o agasajarlo. Se esforzaba al máximo para llamar su atención, para lograr algo más que los encuentros por la mañana. La verdad es que el aprendizaje de habilidades paranormales, en este punto, se había convertido simplemente en la excusa

Su relato de ficción :

para seguir viendo a este hombre misterioso. Era la razón que le permitía seguir investigando la relación entre su relato de ficción y la realidad.

Capítulo 14

Hace ya tres días que Robbie no va a Starbucks. Es la primera vez que se ausenta por tanto tiempo, y Karen está preocupada. La última vez que se vieron -la mañana del viernes- él no le dijo nada en particular sobre los días siguientes. No le dijo que viajaría, ni tampoco le dijo que no podría encontrarse con ella durante la semana siguiente. Ese día Karen lo había visto muy bien. Parecía estar perfectamente bien de salud, por lo que esa no podía ser una razón para explicar su ausencia. Lo más probable era que simplemente se haya aburrido de ella. De la monotonía de sus conversaciones sobre fenómenos paranormales, de darle clases teóricas. Ahora Karen lamentaba más que nunca que no hayan podido pasar a la parte práctica. Pero lo que más le dolía era no volver a verlo. La verdad es que después del miércoles por la noche ya se había resignado a no volver a verlo. Jamás en su vida. Pensaba que tal vez se había mudado a otra ciudad (probablemente con la chica rubia).

En un último intento desesperado por reencontrarse con él se le ocurrió una idea. Tal vez ella tenía la capacidad de hacerlo volver al bar. Y si eso era posible, el único medio para lograrlo era su escritura. A través de su novela podría hacer que Robbie volviera a manifestarse en el primer piso de Starbucks. Fue una especie de experimento que le permitiría asegurarse de que existía un paralelo entre la ficción y la realidad. Para hacerlo más contundente aún, le pareció que podría agregar algunos detalles. Así no cabría ningún tipo de dudas.

$\xi \sim \sim \sim \xi$

Durante cuatro días nadie tuvo noticias sobre Robbie. Era como si se lo hubiera tragado la tierra. O, peor aún, como si se hubiera esfumado. Una persona de carne y hueso podía esconderse, pero ¿cómo era posible que un espíritu desapareciera? Y, sin embargo, Robbie había desaparecido. Los encargados del plan de resistencia contra Ann lo habían buscado exhaustivamente en todos y cada uno de los planos celestiales. Sabían que le gustaba pasar su tiempo en los planos más avanzados, donde habitaban seres astrales extremadamente evolucionados. Pero ni siquiera allí encontraron rastros suyos. La única posibilidad que quedaba era que haya pasado a otra dimensión, o que estuviera en un universo paralelo. Si bien las habilidades necesarias para viajar a otros universos eran considerables, Robbie era uno de los seres capaces de lograrlo. Afortunadamente, al cuarto día, Robbie apareció nuevamente en el mundo paranormal.

Los primeros en verlo apenas lo reconocieron. Se lo veía muy debilitado, sin el brillo que siempre lo había caracterizado. Daba la impresión de que alguien lo hubiera "desvitalizado". Como si hubieran vaciado su ser espiritual y lo hubieran dejado con lo mínimo indispensable. Si hubiera tenido un cuerpo físico, cualquiera diría que había sufrido una golpiza. Era como si hubiera recibido infinitos golpes, pero que no se veían como golpes físicos (o al menos no se veían así en el mundo paranormal). Nadie entendía cómo había sucedido este cambio. Cuando le preguntaron, él simplemente respondió:

-Eh... fue solo un accidente. Entré en un sitio al que no debí haber entrado. No se preocupen. De veras.

A pesar de que continuaron preguntándole por los detalles, Robbie se limitó a repetir lo último que había dicho: "No se preocupen".

ε ~ ~ ~ ϱ

El jueves por la mañana, Karen fue a Starbucks a primera hora. Tenía la esperanza de que, después de haber escrito sobre la desaparición y reaparición de Robbie en su novela, ahora volviera a aparecer también en la vida real. Después de sentarse en su lugar de siempre, abrió su laptop para continuar escribiendo desde donde había dejado la noche anterior. Sabía cómo continuaría la historia, pero le pareció prudente esperar unos minutos más para ver si efectivamente Robbie aparecía en el café. Eran ya las 7.43am. Por lo general, a esa hora él ya estaba sentado en su sitio preferido, con un café alto y su roll de canela. Karen miraba su reloj con impaciencia, pensando que pronto serían las 8am. *"Después de las 8 creo que es prácticamente imposible que venga. Ni un solo día llegó después de esa hora"*, se dijo a sí misma. *"Aunque hoy podría ser la excepción"*.

el moreton

A las 8.11am escuchó un sonido de pasos en la escalera que le resultó demasiado familiar. Eran los pasos de Robbie, aunque no tenían el ritmo lento con el que él acostumbraba a caminar. La persona que se asomó por la escalera tenía un ojo vendado, anteojos y un brazo vendado. Parecía que había recibido una golpiza. Karen tardó unos segundos en darse cuenta de que era Robbie. Con su físico y altura era difícil no reconocerlo (no había tantos hombres con un cuerpo parecido). Era muy extraño ver a alguien de semejante tamaño con un ojo vendado y con moretones en el cuerpo. ¿Cómo sería la persona que le dio esos golpes? Probablemente, un verdadero gigante. Porque era evidente que alguien lo había golpeado.

Robbie tenía puesta la misma ropa de siempre, aunque un poco más sucia que de costumbre. Daba la impresión de que no se había bañado en por lo menos un par de días. Cuando Karen le preguntó qué le había sucedido, respondió:

-Eh... fue solo un accidente. Entré en un sitio al que no debí haber entrado. No te preocupes. De veras.

Eso sí que fue extraño. Era exactamente la misma respuesta que había escrito en su novela. Por un momento, Karen pensó que Robbie le estaba haciendo una broma. Tal vez, simplemente estaba "leyendo" la mente de Karen. Estaba la posibilidad de que él supiera eso que Karen ya había escrito. Pero todo eso era demasiado rebuscado. La explicación más sencilla era, al mismo tiempo, la más descabellada. La respuesta era que existía un paralelismo entre su novela y su vida real. Ya no había dudas.

Capítulo 15

Al escuchar la respuesta de Robbie empezó a pensar que estaba perdiendo la razón, que se estaba volviendo loca. Es lo menos que uno puede pensar cuando escucha en boca de otra persona una frase textual que ha escrito en una novela (y que ni siquiera se ha publicado). ¿Cuántas de las cosas que le están sucediendo en su vida ya están escritas de antemano? ¿Será ella la única persona capaz de anticipar el futuro a través de una novela? ¿Será tal vez esta su "habilidad paranormal"?

Mientras pensaba todas estas preguntas, Robbie miraba por la ventana. Ese día no hablaron sobre fenómenos paranormales.

> -Mira, solo he venido para decirte que mañana
> volveremos a vernos. Mañana sí podremos hablar
> sobre lo que veníamos hablando todos los días.
> -Okay.

Hubiera querido preguntarle nuevamente qué le había ocurrido, o si necesitaba ayuda. Pero sabía que era inútil. Seguramente se negaría a responderle y cambiaría el tema de conversación. Si le dijo que mañana se verían nuevamente, era porque mañana se verían. Después de todo, él tenía la capacidad de ver el futuro. O, al menos, eso era lo que Karen siempre había creído.

Esa noche le costó mucho quedarse dormida. Pasaban los minutos y las horas, y ella seguía muy alerta. Pensaba en lo que le había sucedido por la mañana. En el encuentro con Robbie, en la frase textual que había sacado de su novela. Como necesitaba descansar decidió hacer lo que no había hecho en años: tomar una pastilla para dormir. Era una tableta con una dosis suficiente para dormir a una persona de forma instantánea. Hacía tanto que no tomaba una de esas pastillas que había olvidado por completo el efecto que tenían sobre la duración del sueño. No había previsto que la pastilla la haría dormir mucho más de lo planeado.

Cuando se despertó a la mañana siguiente no lo podía creer: el reloj de su celular marcaba las 8.32am. Había dormido casi dos horas más que de costumbre. *"Jamás en mi vida volveré a tomar una pastilla para dormir"*, se prometió esa mañana. Robbie la debía estar esperando en Starbucks. Tal vez desde hacía más de una hora. Odiaba llegar tarde a cualquier lugar, y especialmente si se trataba de un encuentro con Robbie. Se preguntaba si aún estaría allí esperándola. *"Si fuera yo probablemente no me quedaría esperando a la otra persona. Pero Robbie tiene mucha paciencia. Tal vez aún está allí".* Enseguida saltó de la cama, se dio una ducha rápida y se vistió con lo primero que encontró. Cada minuto que seguía demorando la alejaba cada vez más de Robbie. Y realmente necesitaba verlo.

Al salir de su casa corrió hasta el local de Starbucks, deteniéndose únicamente en las esquinas cuando los semáforos estaban en rojo. Con suerte llegaría antes de las 9am. Si se apuraba había posibilidades de que Robbie aún estuviera allí, esperándola para comenzar la conversación. Seguramente ya habría tomado su café y comido su rol de canela habitual. Justo antes de llegar, Karen alzó la vista para ver si Robbie estaba mirando desde la ventana del primer piso. No había nadie. Al llegar a la puerta del local se encontró con un cartel en letras verdes y blancas:

EL DÍA DE HOY EL LOCAL
PERMANECERÁ CERRADO

Eso quería decir que el local no había abierto sus puertas a las 7.30am, como de costumbre. Y que hoy no iba a ver a Robbie. *"Si no hubiera tomado esa maldita pastilla para dormir. Si no lo hubiera hecho me hubiera levantado más temprano. Y tal vez lo hubiera visto a primera hora. Al menos lo hubiera esperado aquí en la puerta, o él me podría haber esperado. Pero no. Tuve que tomar esa maldita pastilla. Ahora no sé cuándo volveré a verlo. Si es que lo vuelvo a ver".*

Frente al Starbucks volvió a pensar en lo ridículo que era que después de tanto tiempo aún no tuviera el número de celular de Robbie. Varias veces se lo había pedido, pero él siempre cambiaba de tema y evitaba dárselo. No le había dado ni siquiera una dirección de e-mail. En este momento, que Robbie sea tan misterioso la irritaba muchísimo. No podía comprender cómo alguien en pleno siglo XXI evitaba compartir sus datos de contacto con otra persona con la que se veía casi todos los días, durante semanas y semanas. Después de tanto tiempo ya eran casi como amigos. Habían compartido tantas charlas durante tantas mañanas.

Mientras regresaba a su casa, más desanimada que nunca, pensaba en lo que le había dicho Robbie el día anterior: *"mañana volveremos a vernos"*. Esa había sido la frase, textual. Al escuchar eso, Karen no había dudado ni siquiera por un segundo de que eso sería así. Podía imaginar que Robbie estaba prediciendo el futuro; anticipando lo que ya sabía que ocurriría. Pero no. Esta vez, evidentemente, se había equivocado. El cierre de Starbucks no estaba en sus planes.

Starbucks no solo estuvo cerrado ese día, sino también el resto de la semana. Aparentemente, habían tenido un inconveniente con una inspección del Departamento de Seguridad e Higiene. Debían actualizar algunos protocolos de seguridad en uso, y eso les llevaría al menos dos días más. Cada mañana Karen pasaba por la puerta de Starbucks, con la esperanza de no ver el cartel en letras grandes. Pero el cartel seguía ahí, y ni rastros de Robbie. Iba a las 7.30am en punto y esperaba hasta alrededor de las 8am. Confiaba en encontrarlo al menos en la puerta del local cerrado. Imaginaba que irían a cualquier otro café de la zona para retomar sus charlas sobre fenómenos paranormales. Pero, durante esa semana, eso no sucedió. No le quedó más remedio que pasar sus mañanas en casa, escribiendo o matando el tiempo con Internet. Leyendo una y otra vez los mismos sitios de siempre, pensando en Robbie y en cuándo sería la próxima vez en que volvería a verlo.

Capítulo 16

Daniela está preocupada por su amiga. Hace casi una semana que no hablan o intercambian mensajes. Desde que tuvieron aquella conversación -en la que Karen le había preguntado sobre el personaje de su novela- no volvieron a estar en contacto. Los últimos días, su amiga ni siquiera estuvo publicando en su muro de Facebook (algo que acostumbraba hacer todas las tardes). Nada de artículos o videos paranormales, o publicaciones de "estado" con emoticones y hashtags.

A lo mejor, simplemente se había tomado unas "vacaciones" de Internet. Había escuchado que otras personas hacían "ayunos" digitales para reconectarse consigo mismos y volver a un estado natural (aunque tan solo fuera por algunos días). Era posible que Karen haya decidido desconectarse de forma deliberada, por decisión propia. Pero, si fuera así ¿por qué no le había enviado un mensaje antes para avisarle? ¿O por qué no había publicado una actualización en su muro de Facebook, avisando que estaría ausente por algún tiempo? Eso no le hubiera llevado más que un par de minutos, y le hubiera permitido a los demás saber que ella no estaría disponible durante algún tiempo (evitándole a sus amigos y familiares preocupaciones innecesarias).

También pensó que quizás le habían robado el celular. Cuando sucedía eso era bastante común que la persona no aparezca activa en sus cuentas de redes sociales por algunos días (especialmente si también le robaron otras cosas, como dinero y documentación). Aunque -a decir verdad- si les sucedía eso, muchos se apuraban en avisar a todos sus contactos en todas sus cuentas que les habían robado su número. Y en este caso tampoco había sucedido nada de eso. Por el momento, la ausencia de Karen era una verdadera incógnita.

Al no encontrar rastros de su amiga por ningún lado, de pronto se le vino la idea a la mente: *"Tal vez está en casa de su madre, en las afueras de la ciudad. Debo tener el número de su madre anotado en alguna parte. Puedo llamarla con la excusa de saludarla, y luego preguntarle por Karen. Si su hija estaba allí con ella obviamente se lo diría. Sería una buena forma de preguntarle por Karen sin asustarla ni alarmarla"*. Rápidamente, empezó a revisar sus listas de contactos online. Probó con "Madre de Karen", "Karen (madre)", "Casa de Madre de Karen". Hacía tanto que no hablaba con la madre de su amiga, que apenas se acordaba de su nombre (Eva). Después de casi media hora de búsqueda, finalmente lo encontró. Estaba en el archivo del chat de Whatsapp con Karen. Era un mensaje que le había enviado hacía más de dos años. *"Es increíble que esto guarde conversaciones de hace más de dos años. Aquí está todo registrado. Es una suerte tener los mensajes archivados"*, pensó, mientras anotaba el número en una hoja de papel junto al nombre "Eva (madre de Karen)".

Desde que la madre de su amiga se había mudado a las afueras de la ciudad, Daniela no había vuelto a hablar por teléfono con ella. Eva era una señora de casi 60 años, con una personalidad totalmente opuesta a la de Karen. Era muy extrovertida y le encantaba hablar con todo el mundo. Aunque vivía sola en una casa de campo, en un pueblo pequeño, estaba acompañada por sus animales y por amigos y vecinos que iban a visitarla. Daniela siempre se preguntaba cómo había sido posible que Karen tuviera la personalidad que tiene ahora, teniendo una madre como Eva. Pero no era el único caso que conocía: muchas de sus amigas y conocidas tampoco parecían tener mucho en común con sus madres o hermanas. Aparentemente, la personalidad no se transmitía genéticamente con tanta facilidad (como sí sucedía con algunas características físicas).

-Hola, Eva. ¿Qué tal? Soy Daniela, la hija de Karen, su hija. *amiga?*

amiga?

-Ah ¿cómo estás, Daniela? Tanto tiempo...

-Muy bien, por suerte. ¿Y usted?

-Bien, muy bien también -respondió la madre de Karen-. *Aquí trabajando con uno de mis vecinos. Lo estoy ayudando con su huerta. ¿Cómo marcha tu carrera?*

-¡Muy bien! *Tuve suerte de conseguir algunos roles pequeños en películas independientes.*

-Qué lindo. ¡Cuánto me alegra oír eso, Daniela! *Seguramente Karen también estará muy contenta.*

-Sí, ella siempre me acompaña en esto. Creí que le había contado... Como sé que ustedes están bastante en contacto.

-No me había dicho nada. Y hace varios días ya que no hablamos.

-Seguramente pronto se comunicará con usted.
Bueno, era simplemente eso. La llamaba para
saludarla. ¡Que esté muy bien!
-Gracias, querida. Muchos éxitos para tí.

Recién al día siguiente, Daniela logró localizar a Karen. Le dejó un mensaje de audio y recibió una respuesta luego de unas horas. Por la tarde la llamó por teléfono:

-Estaba preocupada -le dijo a Karen-. *No podía*
ubicarte por ninguna parte. No sabía si te había
pasado algo. ¿De veras estás bien?
-Sí, estoy perfectamente.
-¿Por qué te ausentaste por tanto tiempo?
-Estuve escribiendo. Ya sabes que a veces me gusta
"aislarme" un poco de la sociedad para avanzar un
poco más mis historias.
-Sí, sé que sueles hacer eso. Pero siempre te
mantienes mínimamente conectada, accesible.
-Bueno, ahora ves que no siempre hago eso.
-En fin... me gustaría que nos veamos. ¿Quieres
combinar para la próxima semana?
-Mmm... déjame ver. No tengo mucho tiempo... pero
puede ser.

-Dime tú qué día te queda bien y yo me acomodo.

-Déjame ver... ¿qué tal el lunes por la mañana temprano?

-Okay. Lunes por la mañana.

Capítulo 17

El sábado por la mañana Karen volvió a pasar por Starbucks. A unos 10 metros de la puerta podía ver que aún estaba el cartel que decía que el local seguía cerrado. Estuvo a punto de regresar sin siquiera leerlo, pero se dejó llevar por su intuición y se acercó lo suficiente para asegurarse de que fuera el mismo cartel. El color y la tipografía eran los mismos, pero el mensaje había cambiado. El nuevo cartel decía:

EL PRÓXIMO DÍA LUNES EL LOCAL VOLVERÁ A ABRIR SUS PUERTAS

Después de leer el nuevo mensaje sintió un extraño alivio. En ese mismo momento supo que la semana siguiente finalmente volvería a ver a Robbie. No el lunes -ya había quedado con Daniela- pero tal vez el martes, o uno de los días siguientes. No sabía cómo continuaría el vínculo entre ellos, pero confiaba en que seguirían en contacto. Incluso si no siguieran viéndose todos los días. A lo mejor podían encontrarse una vez a la semana, o una vez cada quince días. Pero necesitaba volver a verlo. Saber que seguía existiendo.

El domingo por la tarde Karen le envió un mensaje de texto a Daniela:

-hola, dani. como estás?? te escribo por lo de mañana. pensé que podíamos encontrarnos en el starbucks que está cerca de casa.. qué te parece? podría ser a eso de las 8 y media o a las 9. espero tu respuesta!!

ঽ ~ ~ ~ ঽ

El lunes Karen llegó temprano -antes de las 9am- y se pidió un café. Daniela le envió un mensaje de texto, avisándole que llegaría más cerca de las 9.20am. Mientras esperaba a su amiga, chequeaba las actualizaciones de estado de sus amigos de Facebook desde el celular. En un momento pensó en subir al primer piso -ahora estaba en la planta baja- para ver si estaba Robbie. Tal vez podía subir y simplemente saludarlo. Preguntarle cómo había estado, o cuándo volverían a verse. Pero enseguida se arrepintió. *"Tengo que cortar con esta obsesión. No puede ser que solo piense en él"*, se dijo a sí misma.

Daniela llegó casi a las 9.30am. Después de saludar a Karen fue al mostrador y pidió un *cappuccino* con una porción de torta.

-Perdón por la demora, amiga. Es que me quedé dormida. Anoche regresé muy tarde de un set de grabación. Una película que se estrenará el año que viene.
-No te preocupes, Dani. Está bien.
-Sabes que no me gusta llegar tarde a ningún lado, pero estas cosas a veces no las puedo manejar.
-Okay.
-¿Te encuentras bien? -le preguntó Daniela-. *Ya hace tiempo que te veo distinta. Y hoy también.*
-Estoy bien.
-¿Qué tal la novela?
-Muy bien -respondió Karen, entusiasmada-. *Pienso bastante en ella. Sí... Me mantiene muy ocupada últimamente.*
-¿Y eso es bueno...?
-Es bueno para terminar la novela.
-¿Y para lo otro? Es decir ¿para el resto de tu vida?
-No lo sé.

-No quiero ser pesada o insistente, pero ya sabes lo que pienso sobre el tema del balance entre trabajo/vida. Creo que debes conocer más gente.

-Estoy bien así.

-Deberías conocer a alguien que comparta tus intereses. A algún chico.

-Mmm... este... estoy conociendo a alguien.

-¿De verdad? -exclamó Daniela, sorprendida-. ¿Quién es? ¿Yo lo conozco? ¡Cuéntamelo todo! ¿Dónde lo conociste? ¿Cuándo?

-De a poco, de a poco. Eh... lo conocí hace algunas semanas.

-¿Y por qué me lo cuentas recién ahora? Creí que éramos amigas...

-Bueno, es que le había prometido que no se lo diría a nadie. Es un chico... especial.

-Veo.

-Me está enseñando algunas habilidades paranormales. Él tiene varios poderes. Puede predecir el futuro, lee la mente de otras personas. Es un genio.

-Mmm... si tú lo dices. ¿Y cómo se llama?

-Robbie, es su nombre.

-¿Igual que el personaje de tu novela?

-Sí.

-Mmm... qué coincidencia, ¿no?

-*Sí, sí. Puede ser.*

-*¿Y dices que te está enseñando esas cosas paranormales?*

-*Sí. Me está enseñando la teoría.*

-*Ahá... ¿y dónde lo conociste?*

-*Aquí, en el primer piso de Starbucks. Él viene todas las mañanas, muy temprano. Y hablamos durante un par de horas. Como es tan temprano siempre estamos nosotros dos solos. Nadie va al primer piso por la mañana. Excepto nosotros, los freaks de lo paranormal* -dijo Karen, en tono bromista.

-*Perdóname, amiga, pero esto me suena muy extraño.*

-*¿Qué cosa? ¿Que esté conociendo a alguien?*

-*Todo lo que me cuentas. Es un poco loco. ¿No será producto de tu imaginación?*

-*Jaja, eso lo dices por envidia. Robbie ya me lo había dicho:* "No hables de esto con otras personas. Te dirán que te has vuelto loca. No lo comprenderán". *Sabía que me dirías algo así.*

-*De veras, amiga. Deberías consultar a un psiquiatra.*

-*Sí, sí. Claro. Es lo que dicen todas las personas que no han desarrollado alguna habilidad paranormal. No pueden entenderlo.*

Un manicomio = asylum/looney bin

-No lo creas... yo también tengo mis habilidades paranormales. Puedo predecir el futuro. ¿Sabes que veo en tu futuro? Veo un manicomio.

Después de oír esas últimas palabras, Karen tomó su mochila y se fue del bar sin decir una sola palabra. Esto era mucho más de lo que iba a soportar. No iba a permitir que nadie la tratara de loca. Ni siquiera su mejor amiga.

Capítulo 18

"No sé qué se ha creído", pensaba Karen, de regreso a su casa. *"Si piensa que puede llamarme 'loca' y que yo no haré nada, está muy equivocada. No voy a permitir que me trate de loca. Robbie tenía razón: debí haberle hecho caso y no contarle nada. Era obvio que reaccionaría de esta manera. Ahora ya está".*

Una vez en su casa abrió su Macbook y continuó escribiendo.

ε ~ ~ ~ Ӡ

El ejército de espíritus a cargo de Robbie estaba listo para la batalla final. Después de semanas y semanas de entrenamiento, todos los que estaban bajo su preparación ya habían desarrollado sus habilidades psíquicas a un nivel suficiente como para enfrentar a los demonios de Ann. Habían perfeccionado la teletransportación, la curación energética y la manifestación de materia sutil. Robbie, naturalmente, sería el que estaría a cargo de la dirección. No había nadie que lo supere en habilidades paranormales. Así y todo, ni siquiera él era capaz de predecir el resultado de la batalla. Normalmente tenía la capacidad de dirigir su atención hacia el futuro y de prever qué es lo que sucedería. Pero, en este caso, su visión era nebulosa. No podía ver con claridad qué es lo que ocurriría después del momento del enfrentamiento.

La batalla final entre los ángeles y los demonios no solo tendría consecuencias para el mundo paranormal. El resultado del enfrentamiento también tendría una influencia en el mundo normal de los seres humanos. Según quién resultara vencedor -Robbie o Ann- sería posible predecir si los años siguientes en la Tierra estarían llenos de paz o de terror.

Al acercarse a la línea de enfrentamiento -donde tendría lugar el choque inicial entre los dos bandos-, Robbie miró a Ann directamente a los ojos. Luego le dijo:

-Me has decepcionado. Profundamente.
-¿De qué hablas? ¿Te has vuelto loco?
-Me has decepcionado. Me has traicionado.
-No te conozco. No existes. ¿Cómo es posible que pueda traicionar a alguien que ni siquiera existe? No tiene sentido.

-Sí que existo. Claro que existo. Tú has sido la que me trajo a la vida. Tú me has llamado a tu propia vida.

-Estás diciendo disparates. Te has vuelto totalmente loco.

-No. Soy producto de tu imaginación. Pero ahora soy más real que cualquier cosa que hayas pensado. Y tengo mucho más poder del que crees. Nadie, en ninguno de los universos, tiene tanto poder como yo.

-Sabes muy bien que no es así. No existes en este universo ni tampoco en cualquiera de los otros. Y nadie te ha creado. No existes, ni siquiera en mi imaginación.

Robbie frunció el ceño, con una expresión de profundo desagrado. ¿Cómo se podía atrever a decir que él no existía, el rey de los espíritus? ¿La persona a la que le habían asignado la tarea de adiestrar y preparar a una legión de ángeles que deberían defender el mundo paranormal de las garras de Ann? Odiaba tener que escuchar esas palabras degradantes. Y especialmente de boca de un ser tan desagradable como Ann.

Al momento de inicio de la batalla se podían ver humos de colores y estruendos ensordecedores. Era imposible saber quién era el responsable de cada una de las explosiones, ya que casi todas las hacían a partir de sus poderes psíquicos. Parecía un show de fuegos artificiales, con la diferencia de que no había nada para celebrar. Los dos bandos desplegaban todo tipo de conjuros y poderes especiales, uno más espectacular que el otro. Los únicos que se mantenían al margen de la batalla eran Robbie y Ann. Ellos miraban desde lejos, guiando a sus ángeles o demonios de forma mental, con el único objetivo de ganar cada vez más y más territorio.

Físicamente, los ángeles y los demonios no sufrían ningún tipo de daño. El impacto de los poderes que aplicaban los unos sobre los otros se veía solo a nivel espiritual. Después de pasado un tiempo era muy evidente que algunos estaban más cansados que otros. Los que habían hecho uso de una gran cantidad de poderes ahora estaban completamente exhaustos. Apenas eran capaces de sostenerse en pie, o de comunicarse con los demás.

-No creas que te saldrás con la tuya. Ni por un segundo -le dijo Robbie-. El mundo no volverá a hundirse en las tinieblas. Crees que tienes poder

hundirse = to sink   tinieblas = the darkness

y recursos infinitos. Lo siento, pero no es así. Y nunca lo será.

-Eso es lo que tú crees. Los demonios siempre hemos vencido. ¿Cuál es el problema de los ángeles? Pueden corromperse, volverse "malos". En cambio, los demonios no tenemos ese problema. O acaso ¿has escuchado alguna vez de un demonio que se haya vuelto malo? Es imposible. Los demonios ya somos malos por naturaleza. No nos interesa la bondad. No queremos mejorar el mundo.

-No sabes lo que dices.

-Claro que lo sé. Tengo mucha más experiencia que tú. Y existo en forma real. No como tú, que solo existes en imaginaciones. Ni siquiera tienes entidad.

-Te arrepentirás de haberme traicionado. Te arrepentirás por toda la eternidad.

-¿Otra vez vuelves con eso? Ya te respondido. ¿Cuántas veces quieres que lo repita? No puedo traicionarte, porque no existes.

౿ ~ ~ ~ ౩

Empeñarse = To insist on

Al leer lo que acaba de escribir, Karen no puede dejar de preguntarse cuál será el significado detrás de todo eso. ¿Qué querría decir que Robbie haya acusado a Ann de traición? No era fácil encontrarle un sentido a lo que acababa de escribir. Por otra parte, aún no lograba terminar de entender por qué se empeñaba en buscar un paralelismo, una relación entre lo que escribía y entre lo que sucedía en su vida real. Poco a poco podía sentir cómo una especie de tormenta emocional iba elevándose hacia la superficie. Las emociones que hasta entonces no se habían expresado, lentamente comenzaban a manifestarse.

Capítulo 19

Karen está furiosa con Robbie y también consigo misma. No puede entender cómo su vida ha quedado ligada a una novela. Pensar en su vida real es pensar en la novela, y viceversa. Lo peor de todo es que no sabe cómo puede resolverlo. Está atrapada en un mundo de fantasía que no deja de mezclarse con su realidad. Por momentos duda de cuánto de lo que le sucede en su vida será real. Tiene ganas de seguir viendo a Robbie, pero a la vez siente que no le hace bien. Vive obsesionada pensando en él y en las cosas que le enseña. En apenas unas semanas Robbie pasó de ser un total desconocido a ocupar el lugar más importante en su vida. Se ha convertido en el centro. Y Karen no tiene idea de cómo hacer para correrlo de ese lugar.

Aún tiene la esperanza de volver a verlo. Por eso sigue yendo a Starbucks todas las mañanas a las siete y media, religiosamente. Un día, a mitad de semana, encuentra a Robbie sentado en su sitio de siempre en el primer piso de Starbucks. *"¿Cómo es posible que esté aquí antes que yo?"*, se preguntó al verlo. *"Llegué al local incluso antes de que abran las puertas. No hay forma de que él haya comprado su café y de que haya subido al primer piso antes que yo. Tendría que haberlo visto. Es imposible. Bueno... a menos que haya pasado la noche entera aquí en Starbucks".* Verlo allí antes que nadie fue uno de los primeros indicios. Fue lo que le dio la pauta de que había algo que no andaba bien. *"Esto se está volviendo demasiado extraño y paranormal".*

Robbie estaba mucho más serio que de costumbre. Al verla subir las escaleras ni siquiera le sonrió, como solía hacer cada vez que la veía entrar al primer piso. Su rostro se mantenía inexpresivo.

-*¿Cómo estás?* -le preguntó Karen, intentando parecer simpática.
-*Lo siento, Karen* -dijo Robbie, ignorando completamente la pregunta-. *No vamos a poder seguir viéndonos.*
-*¿Por qué? ¿Te ha sucedido algo?*
-*No hace falta que te dé explicaciones. ¿O sí?*
-*Si pudieras explicármelo te lo agradecería, sí. Me gustaría saber por qué no vamos a poder seguir viéndonos.*

-Me decepcionaste -le dijo, bajando el tono de voz-. *Rompiste nuestro secreto. Lo siento, pero no vamos a volver a vernos.*

-¿De qué hablas? ¿De qué secreto?

-Del único secreto que teníamos. Hablaste con Daniela. Le contaste sobre mí. ¿No lo recuerdas? Me habías prometido que no le dirías a nadie sobre mí.

-No lo recordaba. Lo siento. Esa promesa había sido hace semanas. La había olvidado por completo. De veras.

-Las promesas no se olvidan, Karen.

-Lo sé, lo sé. Pero te estoy pidiendo disculpas.

-No me interesan tus disculpas. Me decepcionaste. Profundamente.

Karen lo miró y se sintió culpable, como si hubiera cometido un crimen, un asesinato. No pudo evitar ponerse a llorar. Estaba triste y enojada a la vez. El comentario le parecía muy injusto de parte de Robbie, pero había que admitirlo: era cierto.

-Okay, tienes razón. Te decepcioné. Pero tú también me decepcionaste -le dijo Karen, elevando un poco el tono de voz.

-¿De qué hablas? Yo jamás te he decepcionado. Eres la única aquí que ha decepcionado a alguien. Yo no hice nada malo. Jamás.

-¿Seguro? ¿Jamás me has mentido? ¿Estás seguro de eso?

-Por supuesto. Soy una persona honesta. No me gustan las mentiras. No las soporto.

-¿Y entonces por qué no me dijiste que tenías novia? ¿Por qué intentaste seducirme, siendo que tenías novia?

-¿Y tú qué sabes si tengo o no tengo novia?

-Te vi con la chica alta y rubia. No soy estúpida. ¿Quién es el mentiroso ahora? -le gritó Karen, a plena voz.

-Estás loca.

-¡No estoy loca! ¡No estoy loca! -volvió a gritarle Karen, desenfrenadamente.

En un ataque violento, tomó el vaso de café, abrió la tapa y arrojó todo el contenido en la dirección de Robbie, mientras seguía gritando la misma frase una y otra vez: "¡No estoy loca! ¡No estoy loca!". Al escuchar los gritos, dos empleados de Starbucks suben al primer piso para ver qué es lo que ocurre. Allí ven a Karen gritando descontroladamente, y el café desparramado en el suelo y sobre una de las sillas. Uno de los empleados se acerca y le pregunta:

-¿Te encuentras bien?
-Sí, gracias -dijo Karen, mientras tomaba su mochila para irse del local.

ξ ~ ~ ~ 3

Una vez de regreso en su casa Karen se sienta a escribir el final de la novela. Siente que este es el momento ideal para darle un cierre a esta historia. Al mismo tiempo, es una forma de cerrar una etapa en su propia vida. Estar tanto tiempo en contacto con asuntos y fenómenos paranormales no tuvo una influencia positiva en su vida. Y por eso ahora necesita tomarse un descanso de todo eso, incluyendo las novelas que escribe y los libros y artículos que lee. Se propuso no estar en contacto con nada de eso por un mínimo de 30 días. Luego decidirá si quiere reintegrarlo a su vida, o si prefiere mantenerlo fuera de ella.

Una de las cosas que tiene ganas de seguir haciendo es ir a Starbucks. Le encanta el ambiente de los locales, la tranquilidad y los productos. Ahora que ya no seguirá viendo a Robbie -y está completamente segura de que no volverá más a verlo- puede seguir yendo sola, o encontrarse con otras personas. Al terminar su novela llamó por teléfono a Daniela para verse allí uno de los próximos días. Necesitaba hablar con alguien. Después de la última charla que había tenido con su amiga no habían vuelto a hablar. Sabía que Daniela estaba muy enojada con ella. Lo notó desde el primer momento, apenas atendió su llamado telefónico. Karen debió pedirle disculpas e insistirle bastante, pero al final logró que su amiga acepte ir a tomar un café con ella.

Capítulo 20

Esta vez se encontrarían alrededor de las 9am en la planta baja de Starbucks. Karen aún no estaba preparada para volver a subir al primer piso, luego del episodio que había ocurrido la última vez que estuvo allí. Cuando entró al local los empleados la miraron, entre asustados y sorprendidos. Temían que hoy también tuviera un ataque violento y empezara a arrojar café hacia todos lados. Karen se dio cuenta de eso enseguida. Se acercó al mostrador y le dijo a una de las cajeras:

-¿Cómo estás? Quiero pedirles disculpas por lo de la semana pasada. Realmente no había tenido un buen día. Les juro que eso no se volverá a repetir. Pueden estar tranquilos.
-No te preocupes. Podemos comprenderlo -le respondió la cajera, amablemente-. *A cualquiera le puede pasar. Especialmente en un día no tan bueno. Puedes estar tranquila, de veras.*

Daniela llegó poco después de las 9am y saludó a su amiga con un abrazo. Luego fueron juntas al mostrador y pidieron dos cafés acompañados de muffins de chocolate. Mientras esperaban las bebidas, Karen le dijo:

-Gracias, Dani. Eres una súper amiga.

-No tienes nada que agradecer. ¡Para eso estamos!

-Me porté como una tonta. No te merecías que te hable como te hablé. De veras, lo siento. Estaba muy mal.

-Lo sé... y por eso puedo entenderlo. Era simplemente mi impresión. Nunca quise ofenderte.

-Ahora voy a contarte sobre eso...

-No es necesario, de veras. Si prefieres dejarlo atrás y olvidarlo, por mi está bien. No hace falta que volvamos a hablar del tema, si no quieres hacerlo.

-Sí, necesito volver a hablar de esto. Al menos contigo. Una última vez.

-Okay. En ese caso, te escucho.

Después de retirar sus bebidas y los muffins, fueron al puesto de azúcar y condimentos. Allí le agregaron canela y vainilla a sus bebidas y tomaron algunas servilletas. Por último, regresaron a una de las mesas ubicadas cerca de la puerta de entrada, en la planta baja.

-¿Te acuerdas que aquel día en que discutimos me dijiste que "me estaba volviendo loca"? -le preguntó Karen a su amiga.

-Sí, puede que te haya dicho eso. Te pido mil disculpas, amiga. De verdad, era lo que pensaba en ese momento. No fue mi intención ofenderte. Para nada. Te pido disculpas y me retracto.

-¿Por qué te retractas?

-Porque no era cierto -respondió Daniela.

-¿Y cómo lo sabes?

-No lo sé... me parece. O, acaso...

-Sí.

-¿Qué quieres decir?

-Robbie no existía. Era tal cómo tú habías dicho. Existía solo en mi imaginación. Era una alucinación.

-¿De veras? Ahora no sé si estás hablando en serio o si es una broma.

-Es en serio. No bromearía jamás con algo así.

-¿Y cómo te diste cuenta de que era una alucinación? ¿Cómo sucedió?

-Fue muy vergonzoso. Ocurrió aquí, en el primer piso de este mismo local. Estaba discutiendo con Robbie (en mi alucinación, claro), cuando de pronto me encuentro a los gritos, totalmente enfurecida. Hasta *llegué a arrojar café por el aire (creía estar lanzándoselo a él). En un momento, subieron dos empleados al primer piso para ver qué ocurría. Ahí fue cuando me preguntaron si estaba bien, si me ocurría algo. Yo los miré y les dije que estaba todo bien, que no pasaba nada. Que solo estaba conversando con mi amigo. Y cuando volví la vista para mirar a Robbie, había desaparecido. Se había esfumado. No estaba. Los empleados me miraron extrañados, y luego se miraron entre ellos. No comprendían qué sucedía, pero se notaba que estaban bastante nerviosos y asustados. En ese instante me di cuenta de todo. Comprendí que Robbie no existía, que las charlas habían ocurrido solo en mi imaginación, y que nunca había habido ningún tipo de coincidencia. Solo era yo quien estaba creando una realidad totalmente fantaseada. Algo que solo sucedía en mi imaginación.*

-Wow... eso sí que es extraño.

-Lo es ¿no?

-Sí. A mí siempre me había dado esa impresión. Por eso te lo dije desde un principio. Para cuidarte.

-Lo sé, amiga. Lo sé. Y te agradezco mucho por eso. Solo lamento no haberte escuchado antes. Me hubiera ahorrado varios malos momentos. Pero, en fin... lo

importante es que ahora sí lo comprendí. Y ya no
volveré a auto-engañarme.
-Me alegro de que lo hayas superado. Estoy segura de
que no debe haber sido nada fácil.
-No, para nada. Fue muy duro. Pero ya pasó. Ahora
quiero mirar hacia adelante. Pensar en mi futuro. Y
ya no quiero saber nada con cosas paranormales.

ઠ ~ ~ ~ ੩

Karen se ha tomado unas vacaciones de su trabajo como escritora. Ya no se levanta todos los días a las 6.30am ni tiene una rutina fija todas las mañanas. Eso sí: dos o tres veces por semana va a Starbucks. Al principio prefería ir a la planta baja (el primer piso le traía muy malos recuerdos). Pasadas unas semanas, sin embargo, se animó a volver a la planta alta del café. Eran más de las 9.30am y no había nadie. Poco después de haberse sentado escuchó los pasos de alguien que subía la escalera: era un chico joven, de menos de 30. Se acercó a ella y empezaron a conversar. De pronto, Karen sacó el tema de los fenómenos paranormales. Sin mayores introducciones, le preguntó:

-¿Qué opinas sobre los fenómenos paranormales? ¿Tienes alguna habilidad de ese tipo?

-Jaja, no por ahora -contestó el chico-. Soy una persona totalmente normal.

-¡Excelente! Igual que yo.

Other Books by the Author

Beginners (A1)

- Muerte en Buenos Aires
- Ana, estudiante
- Los novios
- Tango milonga
- Fútbol en Madrid

Pre Intermediates (A2)

- Laura no está
- Porteño Stand-up
- Un Yankee en Buenos Aires
- Pasaje de ida
- El Hacker

Intermediates (B1)

- Comedia de locos
- Amor online
- Crimen en Barcelona
- Viaje al futuro
- La última cena

Upper-Intermediates (B2)

- Perro que habla no muerde
- La maratón
- Marte: 2052
- El robo del siglo
- Llamada perdida

Advanced Learners (C1)

- El día del juicio
- La fuga
- Paranormal

High Advanced Learners (C2)

- La última apuesta
- Tsunami
- Elektra

Spanish Novels Series

https://spanishnovels.net

Printed in Poland
by Amazon Fulfillment
Poland Sp. z o.o., Wrocław